Arbeitsheft
mit Lösungen

Die Facharbeit:

Von der Planung zur Präsentation

Texte, Themen und Strukturen

Deutschbuch für die Oberstufe

Herausgegeben von
Deborah Mohr und
Andrea Wagener

Erarbeitet von
Diana Sackmann,
Philipp Schmolke und
Christian Schwarz

Vorwort   3

1   Einführung   4

1.1   Die Facharbeit – Eine vielseitige Aufgabe   4

1.2   Gestaltungs- und Beurteilungskriterien für die Facharbeit   6

2   Die Facharbeit planen   7

2.1   Rahmenbedingungen klären   7

2.2   Thema und Untersuchungsmethode festlegen   8

2.3   Einen Arbeitsplan entwickeln und den Arbeitsprozess reflektieren .. 15

2.4   Eine Gliederung anlegen 17

3   Informationen beschaffen   21

3.1   Recherchieren: Vom Internet zur Bibliothek 21

3.2   Empirisch arbeiten 33

4   Informationen auswerten   37

4.1   Einen Überblick über die Materialien gewinnen und gezielt lesen .. 37

4.2   Einen literarischen Text in die Untersuchung einbeziehen 42

4.3   Einem Sachtext Informationen entnehmen und diese nutzen 45

4.4   Ein eigenes Interview auswerten und zu anderen Informationen in Beziehung setzen .. 48

4.5   Eine eigene Umfrage auswerten 51

4.6   Ergebnisse visualisieren 53

5   Die Arbeit verfassen, überarbeiten und gestalten   55

5.1   Die Einleitung schreiben 55

5.2   Den Hauptteil schreiben 58

5.3   Den Schluss schreiben 65

5.4   Das Quellenverzeichnis anlegen 68

5.5   Die Facharbeit überarbeiten 70

5.6   Die äußere Gestaltung der Facharbeit festlegen 75

6   Die Arbeit präsentieren   77

6.1   Die vier Ebenen einer Präsentation 77

6.2   Präsentieren heißt reduzieren 79

6.3   Medien der Präsentation 80

Liebe Schülerin, lieber Schüler,

das Schreiben einer Facharbeit gehört zu den spannendsten Aufgaben in der gymnasialen Oberstufe.

Die Facharbeit bietet die Chance, sich abseits der Schulroutine über einen längeren Zeitraum mit einem selbst gewählten Thema intensiv auseinanderzusetzen. Zudem erwerben Sie beim Verfassen der Arbeit praktische Fähigkeiten, die Sie später gut im Studium und/oder Beruf anwenden können.

Dieses Arbeitsheft begleitet Sie beim Schreiben Ihrer Facharbeit von der Themenfindung bis hin zur Präsentation. Alle dafür notwendigen Informationen und Tipps finden Sie in übersichtlichen gelben bzw. blauen Kästen. Praxisnahe Übungen, Beispiele und Mustertexte unterstützen Sie bei der Ideenfindung, bei der Recherche und beim Verfassen der Arbeit.

Wie Sie mit diesem Heft arbeiten können:

– In der **Einführung** lernen Sie, was eine Facharbeit ausmacht und wie sie bewertet wird.
– Das Kapitel **Die Facharbeit planen** unterstützt Sie dabei, ein geeignetes Thema zu finden sowie einen Arbeitsplan und eine Gliederung für Ihre Facharbeit zu erstellen.
– In den Kapiteln **Informationen beschaffen** und **Informationen auswerten** üben Sie, Informationen gezielt zu recherchieren und diese mit Blick auf Ihr Thema systematisch auszuwerten.
– Das Kapitel **Die Arbeit verfassen, überarbeiten und gestalten** leitet Sie Schritt für Schritt zum Schreiben Ihrer Facharbeit an.
– Abschließend können Sie sich auf die **Präsentation** Ihrer Facharbeit vorbereiten.

Wenn Sie unser Training erfolgreich absolviert haben, kann bei Ihrer Facharbeit nichts mehr schiefgehen.

Wir wünschen gutes Gelingen!

1.1 Die Facharbeit – Eine vielseitige Aufgabe

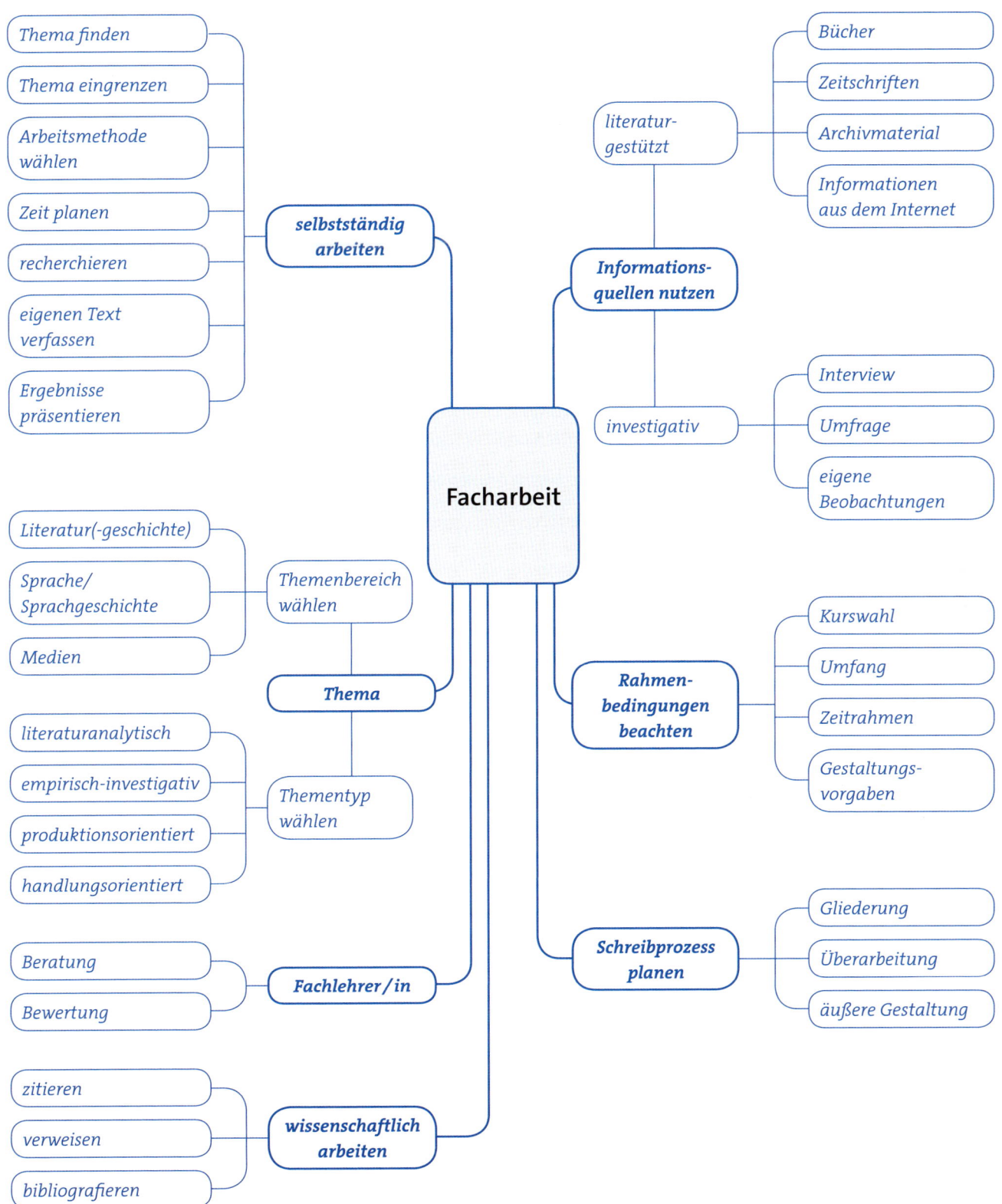

1 **a** Lesen Sie die Fragen und Überlegungen der Schülerin (S. 4).
Notieren Sie in Ihrer Kursmappe Ihre eigenen Gedanken zum Schreiben der Facharbeit.
   b Betrachten Sie die Mindmap oben. Denken Sie sich in das hinein, was mit der Facharbeit auf Sie zukommt.
Vielleicht kommen Ihnen schon Ideen zu Ihrer Arbeit oder es tauchen Fragen auf.
Notieren Sie diese in Ihrer Kursmappe.

2 Wo haben Sie bei der Planung Ihrer Facharbeit Entscheidungsmöglichkeiten?
Markieren Sie die entsprechenden Bereiche in der Mindmap.

1.2   Gestaltungs- und Beurteilungskriterien für die Facharbeit

Tipp	Das Beurteilungsschema kennen und nutzen

Informieren Sie sich genau über die Beurteilungskriterien für die Facharbeit und berücksichtigen Sie diese bei der Gestaltung. Finden Sie heraus, ob an Ihrer Schule ein vorgegebenes **Beurteilungsschema** (z. B. eine Punkteverteilung) für die Gewichtung der verschiedenen Bewertungsaspekte gilt.

Checkliste zur Gestaltung und Beurteilung einer Facharbeit		trifft zu	im Heft Seite ...
Formales und Sprache	Liegt Ihre Arbeit **vollständig** vor? Entspricht der Umfang den Anforderungen?		7, 75 f.
	Entsprechen folgende Aspekte den formalen Vorgaben? – **Schriftbild** und **Layout** (Schriftart und -größe, Blocksatz, Seitenrand usw.) – **Grobgliederung** (Fließtext, Anmerkungen, Quellenverzeichnis, Materialanhang) – **Feingliederung** (Kapitel, Überschriften und Zwischenüberschriften)		17, 75
	Ist die Arbeit **standardsprachlich** und in einem angemessenen Stil verfasst? Wurde u. a. auf eine aussagekräftige Wortwahl geachtet und wurden Umgangssprache, Füllwörter und Schachtelsätze vermieden?		70 ff.
	Wurden gedankliche Zusammenhänge durch sprachliche Mittel verdeutlicht?		57, 59, 67
	Ist der Text **sprachlich richtig** (Wortwahl, Grammatik, Rechtschreibung, Zeichensetzung)?		70 ff.
Methodik / wissenschaftliche Arbeitsweise	Haben Sie Ihr **methodisches Vorgehen** dargestellt und begründet?		55 ff.
	Ist Ihre Haltung zum Gegenstand durchgehend **sachlich** und kritisch-distanziert?		70 ff.
	Haben Sie die **fachliche Diskussion** / den Stand der Wissenschaft zu Ihrem Thema angemessen berücksichtigt (soweit im Rahmen einer Facharbeit leistbar)?		55 ff.
	Haben Sie Informationen durchgehend **themenbezogen** ausgewählt und ausgewertet?		37 ff.
	Haben Sie die gängigen **Fachbegriffe** sinnvoll verwendet?		71
	Haben Sie wortgetreu **zitiert** und **Quellen** in korrekter Form angegeben?		50, 60 ff., 68
	Wird zwischen **Faktendarstellung**, der Wiedergabe **fremder Positionen** und **eigenen Thesen und Argumenten** sprachlich sachgerecht unterschieden?		62 ff.
	Haben Sie die Ergebnisse Ihrer Arbeit präzise und differenziert **zusammengefasst**?		65 ff.
	Liegt ein fachgerechtes **Quellenverzeichnis** vor? Entspricht es formal den Vorgaben?		68 f.
Inhaltlicher Ertrag	Haben Sie die **zentrale Fragestellung** der Arbeit plausibel und differenziert formuliert und zielgerichtet entfaltet?		11 ff., 55 ff.
	Sind Sachverhalte **differenziert** dargestellt (also nicht einseitig und oberflächlich)? Sind die angestellten Überlegungen **gedanklich angemessen komplex**?		58
	Haben Sie themenbezogene **Materialien** in angemessenem Umfang zusammengetragen?		8, 21 ff.
	Haben Sie die ausgewählten Materialien intensiv und ausführlich **ausgewertet**?		37 ff.
	Erfolgte diese Auswertung **strukturiert** (also nicht planlos)?		37 ff.
	Haben Sie Ihre eigenen Positionen schlüssig **begründet** und belegt?		58, 65 ff.

1 Nutzen Sie die Tabelle bei der Erstellung Ihrer Facharbeit.
Später können Sie sie zur Überarbeitung nutzen (▶ S. 74, Aufg. 9).

2.1 Rahmenbedingungen klären

Rahmenbedingungen der Facharbeit

Schüler/innen und Fachlehrer/innen können Facharbeiten nicht völlig frei vereinbaren. Je nach Bundesland gibt es unterschiedliche **vorgegebene Rahmenbedingungen,** die für alle Beteiligten bindend sind. Besorgen Sie sich in Ihrer Schule entsprechende Unterlagen. Wenn Sie die Rahmenbedingungen für die Facharbeit frühzeitig klären, können Sie zielstrebig planen.

1 Klären Sie anhand der folgenden Tabelle, in welchem Rahmen Sie sich mit Ihren eigenen Überlegungen zur Facharbeit bewegen können. Notieren Sie in der dritten Spalte die Vorgaben, die an Ihrer Schule gelten.

Aspekte	Hinweise zu möglichen Vorgaben	Vorgaben der Schule
Kurswahl	In einigen Bundesländern kann die Facharbeit nur in einem bestimmten Kurs (z. B. Leistungskurs, schriftlich belegter Kurs, wissenschaftspropädeutisches Seminar, Seminarkurs) geschrieben werden. In vielen Schulen gibt es bei der Anzahl der Facharbeiten pro Fachlehrer/in Obergrenzen (z. B. sechs Arbeiten pro Lehrer/in).	
Zeitvorgaben	Der Zeitrahmen ist je nach Bundesland sehr unterschiedlich (von sechs Wochen bis zu einem Jahr). Abgabetermine sind in der Regel verbindlich.	
Klausurersatz	In der Regel ersetzt die Facharbeit eine Klausur oder sie wird auf andere Weise im Abitur angerechnet.	
Umfang	Der Umfang einer Facharbeit ist begrenzt. Es gibt Mindest- und Maximalumfänge, z. B. von 8 bis 12 Seiten (ohne Anhang). Oft wird dabei die Seitenfüllung (Schriftgröße usw.) vorgegeben (▶ S. 75).	
Gestaltung	Viele Schulen machen für Facharbeiten eine ganze Reihe formaler Vorgaben (▶ S. 75 f.).	
Einzel- oder Gruppenarbeit	Gruppenarbeit ist unter Umständen möglich, wenn die Einzelleistungen abgrenzbar und getrennt beurteilbar sind.	
Dokumentation des Arbeitsprozesses / der Beratung	Beispielsweise können je vier Wochen für die Themensuche, die Informationsbeschaffung und für das Schreiben vorgesehen sein. Dieser Arbeitsprozess und entsprechende Beratungsgespräche werden meist dokumentiert.	
Präsentation	An einigen Schulen erfolgt im Anschluss an das Verfassen einer Facharbeit die (Möglichkeit der) Präsentation der Arbeitsergebnisse beispielsweise in Form eines Vortrags/Kolloquiums, einer Ausstellung mit Präsentationswänden, im Schuljahrbuch oder auf der Website der Schule.	

2.2   Thema und Untersuchungsmethode festlegen

Info   Methodische Zugänge

Sie können sich zwischen **unterschiedlichen methodischen Zugängen** entscheiden.
- Bei einem **literaturanalytischen Zugang** steht die Untersuchung von Primär- und Sekundärliteratur im Vordergrund. Der Arbeitsschwerpunkt liegt auf der Auseinandersetzung mit Texten aus Bibliotheken, aus dem Internet usw. Eine vorhandene Materialbasis wird unter bestimmten Gesichtspunkten ausgewertet, Primärliteratur mit vereinbarten methodischen Verfahren untersucht. Insgesamt tendiert dieser Zugang zur Neuformulierung bereits vorhandener Erkenntnisse, die gefiltert, neu strukturiert und vernetzt werden müssen. Die Facharbeit kann sich sprachlich an den untersuchten Texten orientieren.
- Ein **empirischer Zugang** basiert auf der Erhebung und Auswertung von Daten aus einem Bereich der Lebenswelt, meist verbunden mit direkter Kontaktaufnahme mit ausgewählten Personen bei Interviews, Recherchen usw. Die Materialbasis muss durch eigene Recherchen geschaffen oder erweitert werden. Dieses Material wird dann nach wissenschaftlichen Grundlagen eingeordnet. Dieser Zugang lädt zum Aufspüren und Bewusstmachen von Fakten ein. Untersuchungsergebnisse müssen eigenständig versprachlicht werden.
- Entscheiden Sie sich für einen **produktiv-gestaltenden Zugang,** sollten Sie Erfahrungen mit kreativer Gestaltung und/oder mit Organisationsabläufen mitbringen. Das Ergebnis Ihrer Facharbeit hängt hier wesentlich von Ihren kreativen Einfällen und/oder Ihrem Organisationstalent ab. Das Produkt (z. B. Programmheft zu Theaterinszenierung, Planung und Durchführung einer „Litera-Tour" zu Autor/in der Region) steht meist nicht für sich allein, sondern wird mit einer Reflexion des Projekts verbunden. Diese gilt es eigenständig zu versprachlichen.

1 Markieren Sie in der Tabelle die Themenbereiche, die Ihnen zusagen. Die aufgeführten Themenstellungen sind nur Beispiele, viele andere sind denkbar. Beachten Sie bei Ihrer Wahl auch den jeweiligen methodischen Zugang.

Schwerpunkt	methodischer Zugang		
	literaturanalytisch	empirisch	produktiv-gestaltend
Autor/in	biografische Untersuchung anhand vorliegender Materialien	Interview mit Autor/in und Auswertung	Gestaltung von Stellwand/Blog zu Leben und Werk eines Autors / einer Autorin mit Autortexten und eigenen Texten
Einzelwerk	Inhalts- und Strukturanalyse eines literarischen Textes	Interview mit Autor/in zu einem literarischen Text und Auswertung	Planung, Durchführung und Reflexion einer Autorenlesung mit Fragerunde
Thema/ Motiv	vergleichende Analyse mehrerer Werke	Recherche und Analyse der Verwendung eines Themas/Motivs in ausgewählter aktueller Literatur / in Comics / in Graphic Novels usw.	Vorbereitung, Durchführung und Reflexion eines Literaturcafés mit Präsentation ausgewählter Texte zu Thema/ Motiv aus dem Literaturkurs der Schule
Epoche	literaturgeschichtliche bzw. kulturhistorische Einordnung eines Werks anhand vorliegender Materialien	Merkmale aktueller Literatur: Haltung zeitgenössischer Autorinnen und Autoren im Gespräch ermitteln und reflektieren	Umschreiben einer Passage eines Werks im Stil einer anderen Epoche
Gattung	inhalts- und/oder strukturanalytischer Vergleich	neue Ausdrucksformen von Literatur im Internet an konkreten Beispielen vorstellen und diskutieren (möglicher Fokus: Interaktivität)	Umschreiben eines Romanauszugs in eine Theaterszene, Reflexion der Textauswahl und des Vorgehens
Theater	vergleichende Analyse verschiedener Inszenierungen eines Dramas	Interview mit Regisseur/in zu aktueller Inszenierung / Beobachtung, Beschreibung und Reflexion von Theaterproben / der Arbeit am Theater	Inszenierung eines Theaterstücks / einer Szenenfolge mit Schülerinnen und Schülern der Schule und Reflexion des Projekts

Schwerpunkt	methodischer Zugang		
	literaturanalytisch	empirisch	produktiv-gestaltend
Jugend-buch	vergleichende Analyse ausgewählter Jugend-bücher zu einem Thema/Motiv	Befragung von 10- bis 15-Jährigen in einer Stadt / in einem Ortsteil zur Lektüre von Büchern und Analyse der Ergebnisse	Vorbereitung, Durchführung und Reflexion einer Lesenacht für Schülerinnen und Schüler
Literatur-verfilmung	vergleichende Analyse der Erzählweise von Literatur und Film	Befragung einer Zielgruppe zur Umsetzung und Wirkung einer aktuellen Literaturverfilmung	Gestaltung und Reflexion einer Ge-dichtverfilmung / Verfilmung einer Kurzgeschichte
Vermitt-lung von Literatur	Untersuchung der Funktion von Verlagen bei der Literaturver-mittlung anhand aus-gewählter Fachbücher	Interviews mit lokalen/regionalen Kleinverlegern zu Problemen der Literaturvermittlung und ihre Aus-wertung	Veröffentlichung eines selbst ver-fassten literarischen Textes (z. B. Kurz-geschichte, Gedicht) im Internet (digitale Literaturprojekte / Autoren-Homepages/Mitschreibprojekte) und deren Reflexion
Fernsehen	vergleichende Analyse eines Sendeformats in unterschiedlichen Medien	Befragung von 13- bis 18-Jährigen in Ihrem Wohnort zum Schauen und zur Bewertung von Talkshow-Sen-dungen und Analyse der Ergebnisse	Konzeption und Reflexion eines Video-clips zu einem typischen Sendeformat
Internet	Analyse des Kommu-nikationsverhaltens im Internetchat an-hand ausgewählter Fachliteratur	Analyse des Kommunikations-verhaltens der Teilnehmer/innen einer konkreten Chatgroup in einem bestimmten Zeitraum	Gestaltung und Reflexion eines Blogs / einer Chatgroup zum Thema „Internetkommunikation"
regionale Sprache	Untersuchung der Funktion von Dialek-ten in ausgewählten literarischen Werken	Recherche der Dialektverwendung in einem Dorf, Stadtteil o. Ä. und sprachwissenschaftliche Analyse von O-Ton-Dokumenten	Wirkung und Funktion des Dialekts in Kabarett und Comedy: Gestaltung und Reflexion eines Beitrags, z. B. auf Kölsch oder Bayrisch
Gruppen-sprache	Untersuchung von Jugend-, Börsen- oder sonstiger Szenenspra-che anhand ausge-wählter Fachliteratur	Recherche und Analyse der Ver-wendung von Jugend-, Fußball-sprache o. a. in einer Clique, einem Verein usw.	Gestaltung und Reflexion eines Meinungsbeitrags zur Jugend-, Fußballsprache o. a. in Form eines Kommentars / einer Kolumne / eines Kabaretts (Audiodatei)
Sprachen im Kontakt	Untersuchung von Anglizismen im Sport anhand von sprach-wissenschaftlicher Fachliteratur	Recherche und Analyse der Ver-wendung von englischem/ameri-kanischem Vokabular in einer Jahrgangsstufe der Schule usw.	Planung, Durchführung und Reflexion einer Podiumsdiskussion zum Thema „Vielsprachigkeit als Motor des Sprach-wandels"

2 Notieren Sie verschiedene eigene Ideen für ein Facharbeitsthema.

_____

_____

_____

_____

_____

> **Tipp**   **Die eigene Motivation klären**
>
> Wenn Sie sich eine umfangreiche Arbeit vornehmen, sollte diese für Sie in irgendeiner Weise persönlich wichtig sein. Sonst können Sie in dem längeren Arbeitsprozess schnell die Lust verlieren.
> Denken Sie also über Ihre Interessen, Ihr Vorwissen, Ihre Fertigkeiten und Fähigkeiten gründlich nach, bevor Sie sich endgültig für ein Thema entscheiden.

3 Wählen Sie aus Ihren Ideen (► S. 9, Aufg. 2) einen vorläufigen, konkreten Themenvorschlag aus, den Sie mit Hilfe der folgenden Seiten gründlich überdenken wollen.

4 Machen Sie sich klar, was Sie mit dem gewählten Thema verbindet. Füllen Sie dazu die Tabelle aus.

Fragen	Antworten zum vorläufigen Themenvorschlag
Warum hat mich das Thema neugierig gemacht? Was ist für mich von Interesse bei diesem Thema?	
Was weiß ich schon über dieses Thema?	
Welche Problemstellungen, die mit dem Thema verbunden sind, sind für mich wichtig?	
Was im Besonderen will ich bei der Arbeit an diesem Thema herausfinden?	
Welche Aspekte des Themas interessieren mich weniger?	
Was könnte ich mit den Arbeitsergebnissen – über die Verwendung für die Facharbeit hinaus – anfangen?	

Info   Das Thema eingrenzen

Das **Thema** einer Facharbeit verdeutlicht, unter welchem **Schwerpunkt** ein bestimmter **Gegenstand** (z. B. ein literarischer Text) betrachtet wird. Sie müssen das Thema gezielt eingrenzen, um es im Rahmen Ihrer Facharbeit sinnvoll behandeln zu können. Dies ist mit Blick auf den vorgegebenen Zeitrahmen und Umfang unerlässlich. So kann man mit Hilfe einer **Problemfrage** einen Aspekt des Themas bzw. Gegenstands gezielt in den Blick nehmen, z. B.:

Sind politische Reden grundsätzlich manipulativ? Eine exemplarische Untersuchung der Bundestagsreden von Ursula von der Leyen (CDU) und Katrin Göring-Eckardt (Die Grünen) zur Rechtfertigung des Bundeswehreinsatzes in Syrien (Dezember 2015)

Mögliche Wege zur Eingrenzung des Themas

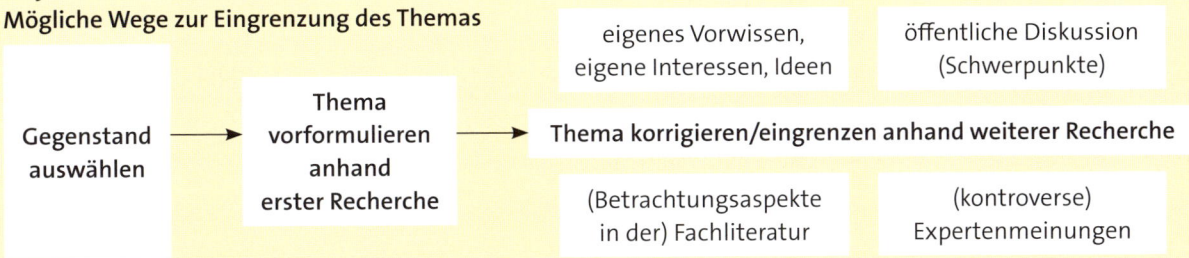

Achten Sie bei der Formulierung und Eingrenzung Ihres Themas darauf, dass Sie den **drei Anforderungsbereichen schulischer Leistungen** mit der Bearbeitung des Themas gerecht werden können:

- Anforderungsbereich I: (be-)nennen, beschreiben, wiedergeben, zusammenfassen
- Anforderungsbereich II: untersuchen, einordnen, vergleichen, erläutern, in Beziehung setzen
- Anforderungsbereich III: deuten, beurteilen, Stellung nehmen, begründen, (über-)prüfen, entwerfen, gestalten

5 Üben Sie die Eingrenzung eines Themas am Beispiel der folgenden Themenvorschläge zum Werk Goethes. Klären Sie, welche Vorschläge in sinnvoller Weise eingegrenzt sind und welche nicht.

(1) Das Wandermotiv in Goethes Lyrik

Die Eingrenzung des Themas ist nicht sinnvoll, da _____

_____

(2) Eine Inszenierung als Interpretation des Regisseurs verstehen – vergleichende Analyse der Schlüsselszene „Studierzimmer" aus *Faust I* in den Inszenierungen von Peter Gorski / Gustaf Gründgens (1960) und Dieter Dorn (1988)

_____

_____

(3) Gretchen – naive Träumerin oder Realistin? Eine Untersuchung der Gretchen-Lieder in Goethes *Faust I*

_____

_____

(4) Der Einfluss von Goethes *Faust I* auf die Literatur der Gegenwart

_____

_____

(5) Lessings Emilia und Goethes Gretchen im Spannungsfeld zwischen Pflichtbewusstsein und Sinnlichkeit – eine vergleichende Betrachtung

_____

Info   **Eine Problemfrage formulieren**

Mit einer **Problemfrage** kann man einen Aspekt des Untersuchungsgegenstands genauer beleuchten, z. B.:
  Thema: *Ein Versuch der literaturgeschichtlichen Einordnung von Goethes „Faust I"*
  Fragestellung: *Ist Goethes „Faust I" ein Werk der Weimarer Klassik?*
Mit dieser Problemfrage setzen Sie gezielt einen Schwerpunkt für Ihre Analyse, der umstritten ist und
dementsprechend abgewogen werden kann. So ist z. B. die Frage, ob *Faust I* ein Werk der Weimarer Klassik ist,
in der Fachwissenschaft nicht eindeutig beantwortet.
Nicht jedes Thema muss problemorientiert formuliert sein. Es kann aber eine implizite Problemfrage enthalten.

6 Untersuchen Sie die Themen für eine Facharbeit im Bereich „Sprache": Liegt eine Problemfrage vor? Begründen Sie.

(1) Wird der Dialektgebrauch in Deutschland und der deutschsprachigen Schweiz wertgeschätzt?

Hier liegt eine Problemfrage vor: Auf der Basis einer Untersuchung des Dialektgebrauchs in Deutschland und der

deutschsprachigen Schweiz (anhand ausgewählter Fachliteratur) soll abgewogen werden, inwiefern in den beiden

Ländern …

(2) Welche Funktion übernimmt der Dialektgebrauch in den Beiträgen der Kabarettistin Martina Schwarzmann?

(3) Dialekte in der Werbung und in der PR – eine diskriminierende Inszenierung der Dialektsprecher/innen?

(4) In welchem Verhältnis stehen Hochsprache und Dialekt im Ruhrgebiet?

(5) Chatsprache – ein Spiegel mündlicher Kommunikation?

(6) Zweisprachige Erziehung von Kindern – Chance oder Risiko?

7 Prüfen Sie, ob Ihr Facharbeitsthema sich als Problemfrage formulieren lässt.
Notieren Sie mehrere Möglichkeiten in Ihrer Kursmappe.

Info	Ein Konzept formulieren

Formulieren Sie ein vorläufiges **Konzept,** anhand dessen Sie sich mit der Schwerpunktsetzung Ihrer Facharbeit und mit Ihrer Vorgehensweise auseinandersetzen. Machen Sie sich Gedanken darüber, welche zentralen Frage-/ Problemstellungen sich beim gewählten Thema ergeben, welche (Fach-)Begriffe und Grundlagen Sie zunächst klären müssen und wie Sie bei der Bearbeitung der Problemstellung vorgehen werden.

8 Untersuchen Sie die beiden Beispielkonzepte für eine Facharbeit.
Weisen Sie die Zwischenüberschriften aus dem Wortspeicher entsprechend in der rechten Spalte zu.

> Einleitungssatz • Beschreibung des Vorgehens • Darlegung von Grundlagen (z. B. Begriffsdefinition, geschichtlicher Kontext, Drameninhalt) • Darstellung der Fragestellungen/Untersuchungsaspekte • Materialgrundlage

Konzept zum Thema: Mephisto – „der Marinelli der Hölle"?	Zwischenüberschrift
In meiner Facharbeit mit dem Thema „Intriganten des Dramas im Vergleich: Lessings Marinelli und Goethes Mephisto" möchte ich Gemeinsamkeiten und Unterschiede dieser beiden Figuren aufzeigen.	
Zunächst werde ich die Begriffe „Intrige" und „Intrigant" klären und einen 5 Einblick in den zeitgeschichtlichen Kontext der beiden Dramen geben.	
Dann sollen die folgenden Aspekte und Fragestellungen bei meiner Analyse im Mittelpunkt stehen: – vergleichende Charakterisierung der Figuren – vergleichende Analyse ihrer Intrigen: Welches Ziel haben die Figuren jeweils? 10 Wie gehen sie vor? Ist ihre Strategie erfolgreich? Welchen Einfluss hat die Intrige bzw. der Intrigant auf den Verlauf der Handlung? Wer ist verantwortlich für den tragischen Ausgang?	
Zur Figurencharakterisierung und Analyse der Intrigen werde ich ausgewählte Szenen und Sekundärtexte hinzuziehen. Dabei bietet sich eine genauere Unter 15 suchung der Szenen I/6 und IV/1 aus Lessings *Emilia Galotti* sowie der Szenen „Studierzimmer" und „Trüber Tag. Feld" aus Goethes *Faust I* an.	
Bei meiner Analyse möchte ich die beiden Figuren und ihre Intrigen zunächst getrennt voneinander untersuchen, um sie dann auf der Basis der Ergebnisse dieser Untersuchung vergleichend zu betrachten. Hier werde ich auch die je 20 weiligen zeitgeschichtlichen Hintergründe in den Blick nehmen.	

Konzept zum Thema: Bildhafte Rede beim Sprechen über Fußballspiele	Zwischenüberschrift
In meiner Facharbeit zum Thema „Bildhafte Rede beim Sprechen über Fußballspiele" werde ich Metaphern und Bildfelder untersuchen, die von Spielern, Trainern und Kommentatoren beim Sprechen über Fußballspiele verwendet werden.	
Zu diesem Zweck werde ich den Begriff der Metapher v. a. anhand der 5 Metapherntheorie von Lakoff und Johnson klären und ihn auf die zu untersuchenden Bildfelder in Reportagen und Spielerinterviews anwenden.	
Im Zentrum meiner Untersuchung werden folgende Fragen stehen: Welche Bildfelder werden verwendet? Haben diese Bildfelder bestimmte Funktionen? Verfolgen die Sprecher damit erkennbar Ziele bei der Vermittlung 10 des Spielgeschehens?	
Ich werde sowohl veröffentlichte Interviews und Fernseh- und Radioreportagen als auch von mir durchgeführte Spieler- und Trainerinterviews hinzuziehen. Insbesondere im Hinblick auf die Funktionen der Bildhaftigkeit will ich die Unterschiede zwischen dem Live-Kommentar des Reporters und der rückblickenden 15 Betrachtung des Spiels durch Spieler und Trainer herausarbeiten.	

9 Fassen Sie Ihre bisherigen Überlegungen zu Ihrer Facharbeit in einem vorläufigen Konzept zusammen. Formulieren Sie es knapp und präzise aus. Orientierung bieten die beiden Beispielkonzepte (► S. 13) und die Zwischenüberschriften.

Mein Konzept

Formulierung eines Einleitungssatzes

_____

_____

_____

_____

Darlegung von Grundlagen (z. B. Definition von Begriffen, kurze Inhaltswiedergaben, Einordnung in einen Kontext)

_____

_____

_____

_____

Darstellung der zentralen Problemstellungen/Fragestellungen/Untersuchungsaspekte

_____

_____

_____

_____

_____

_____

Beschreibung des Vorgehens

_____

_____

_____

_____

_____

_____

_____

10 Legen Sie Ihr Konzept der Lehrkraft vor, bei der Sie die Facharbeit schreiben wollen. Diskutieren Sie alle Punkte.

2.3   Einen Arbeitsplan entwickeln und den Arbeitsprozess reflektieren

Tipp   **Die Arbeitsphasen der Facharbeit gut planen**

Für Facharbeiten gibt es in der Regel einen festen Abgabetermin. Um am Ende des Arbeitsprozesses nicht in Zeitnot zu geraten, sollten Sie die **Phasen** der Erarbeitung **gründlich planen** und für jede Phase den **zeitlichen Umfang** festlegen. Planen Sie genügend Zeit (bis zu einer Woche) für die Überarbeitung sowie das Ausdrucken und Heften ein.

1   Nutzen Sie die Tabelle für Ihr Zeitmanagement. Ordnen Sie im Rahmen der Ihnen vorgegebenen Gesamtzeit in der zweiten Spalte jeder Arbeitsphase eine Anzahl von Tagen zu.

Arbeitsplan insgesamt zur Verfügung stehende Zeit: von _____ bis _____ → _____ Arbeitstage			
Arbeitsphasen	geplante Zeit	benötigte Zeit	Beratungstermine
Klärung der Rahmenbedingungen			
Ideensammlung / Finden des Themas			
Abgrenzung des Themas / Formulierung des Konzepts			
Erkundung von Informationsquellen (Wo? Wann? Wer? Materialbestände?)			
Dokumentation und Prüfung der gefundenen Informationen			
Informationsauswertung und Stoffgliederung			
Schreiben des Textentwurfs und Einarbeitung von Zitaten usw.			
Erstellen einer Bibliografie			
Gestaltung der Arbeit inklusive Materialanhang			
Textüberarbeitung			
Ausdrucken und Heften der gesamten Arbeit			
Abgabetermin für die Facharbeit			

2   Legen Sie den Zeitplan Ihrer betreuenden Lehrkraft vor und bitten Sie um kritische Kommentierung.

3   Prüfen Sie während der Erarbeitung regelmäßig, ob Sie im Zeitplan sind.
Tragen Sie dazu in der dritten Spalte die tatsächlich benötigte Zeit ein. Ziehen Sie aus der Differenz zwischen geplanter und benötigter Zeit Konsequenzen für die restlichen Arbeitsphasen.

Info   **Beratungsgespräche**

An den meisten Schulen werden in einem vorgegebenen Zeitrahmen Beratungstermine mit der betreuenden Lehrkraft festgelegt. Diese Gespräche sind in der Regel so angesetzt, dass sie mit Entscheidungen verbunden sind, die für den Fortgang – und das Gelingen – der Arbeit wichtig sind: Festsetzung des **Themas**, Abstimmung von **Arbeitsplan** und **Materialgrundlage**, Erörterung des **Gliederungsentwurfs**, Beratung zu **Schreib- und Gestaltungsschwierigkeiten**. Sie sollten diese Termine rechtzeitig vereinbaren. So vermeiden Sie Verzögerungen oder gar Fehlentwicklungen im Arbeitsprozess. Halten Sie die Absprachen stets schriftlich fest.

4   Notieren Sie in der vierten Spalte des Arbeitsplans (▶ Aufg. 1) die vereinbarten Beratungstermine.

Tipp	Den Arbeitsprozess reflektieren

Um Ihren Arbeitsprozess zu reflektieren, sollten Sie Ihre **Arbeitsschritte schriftlich dokumentieren.** Dazu eignen sich z. B. ein Arbeitstagebuch oder ein Arbeitsprozessbericht (▶ Tabelle unten). Dies ermöglicht Ihnen auch, bei Beratungsgesprächen Ihren Arbeitsprozess, Ihre Überlegungen und Schwierigkeiten anschaulich darzulegen.

5 Notieren Sie zu den vorgeschlagenen Verfahren zur Reflexion des Arbeitsprozesses in der rechten Spalte, welche Vor- und Nachteile Sie sehen.

Verfahren	Erläuterung	Vor- und Nachteile
Arbeits-tagebuch	Sie notieren jeden Tag stichpunktartig, – mit welchem Arbeitsschritt Sie wie lange beschäftigt waren, – Zeitschriftenaufsätze, Bücher, Internetseiten usw., bei denen Sie fündig geworden sind, – Titel, die Sie geprüft und verworfen haben, – Vereinbarungen mit der Fachlehrkraft, – …	
Arbeits-prozess-bericht	In regelmäßigen Abständen, mindestens aber am Ende jeder Arbeitsphase (▶ Tabelle S. 15), blicken Sie zurück und reflektieren Ihren Arbeitsprozess. Sie schätzen den Ertrag Ihrer Arbeit kritisch ein und ziehen Schlüsse: – Welche Arbeitsschritte sind warum gut gelungen? – Was sollten Sie beim nächsten Arbeitsschritt / bei einem nächsten Projekt dieser Art anders angehen? Wieso?	

6 Beraten Sie sich auf dieser Basis mit der betreuenden Fachlehrerin bzw. dem betreuenden Fachlehrer über die Vorgehensweise bei der Reflexion des Arbeitsprozesses.

2.4 Eine Gliederung anlegen

Die Gliederung

Die Gliederung verdeutlicht die gedankliche Struktur Ihrer Facharbeit. Legen Sie bereits zu Beginn Ihres Arbeitsprozesses eine vorläufige Gliederung an, die sich an der groben Aufteilung in **Einleitung, Hauptteil und Schluss** orientiert. Orientierung bietet Ihnen das Konzept zu Ihrer Facharbeit (▶ S. 13). Dieses erste gedankliche Gerüst verfeinern Sie im weiteren Arbeitsverlauf.

Für den **Hauptteil** ergeben sich geeignete **Gliederungsprinzipien** in der Regel bereits **aus dem Thema und der Problemstellung:**

- Erfolgt ein Vergleich, bietet sich zunächst eine getrennte Auseinandersetzung mit den zu vergleichenden Texten, Gegenständen usw. an.
- Wird eine Entwicklung dargelegt, kann eine chronologische Vorgehensweise zielführend sein: Vergangenheit → Gegenwart → Zukunft.
- Ein weiteres Gliederungsprinzip ist Herkunft → Entwicklung → Wirkung, z. B.: *Einwanderung ins Ruhrgebiet → Einflüsse der Migrantensprachen auf das Ruhrdeutsche → gegenwärtige Sprachsituation im Ruhrgebiet.*

Gerade ein komplexes Thema lässt sich leichter greifen, wenn man das **Material** zuerst in eine solche gedankliche Struktur **einordnet.**

Die endgültige Gliederung stellt das **Inhaltsverzeichnis** Ihrer Facharbeit dar. Sie können es als gemischte Klassifikation (Großbuchstaben und arabische Ziffern ▶ Beispiel A) oder als numerische Gliederung (▶ Beispiel B) anlegen.

---

1 Schauen Sie sich die beiden Beispiele für eine Gliederung bzw. ein Inhaltsverzeichnis genau an.

Thema: Mephisto – „der Marinelli der Hölle"?
Ein Vergleich der beiden großen Intriganten des Dramas: Lessings Marinelli und Goethes Mephisto

Variante A

I.   Einleitung
II. Grundlagen
   1. Klärung der Begriffe „Intrige" und „Intrigant"
III. Große Intriganten des Dramas: Lessings Marinelli
   1. Kurze Inhaltsangabe und zeitgeschichtlicher Kontext des Dramas *Emilia Galotti*
   2. Marinelli – ein typischer Kammerherr?
   3. Eine höfische Intrige – Marinellis Motivation und Vorgehen
   4. Einfluss der höfischen Intrige auf die Handlung – die Schuldfrage
IV. Große Intriganten des Dramas: Goethes Mephisto
   1. Kurze Inhaltsangabe und zeitgeschichtlicher Kontext des Dramas *Faust I*
   2. Mephisto – ein verlässlicher Bündnispartner?
   3. Eine teuflische Intrige – Mephistos Intention und Strategien
   4. Einfluss der teuflischen Intrige auf die Handlung – die Schuldfrage
V.   Mephisto als „Marinelli der Hölle"? – ein Vergleich
VI. Resümee
Literaturverzeichnis
Anhang

Variante B

1.   Einleitung
2.   Grundlagen
   2.1 Klärung der Begriffe „Intrige" und „Intrigant"
   2.2 Kurze Inhaltsangabe der Dramen
      2.2.1 Lessings *Emilia Galotti*
      2.2.2 Goethes *Faust I*
   2.3 Zeitgeschichtlicher Kontext der Dramen
      2.3.1 Lessings *Emilia Galotti*
      2.3.2 Goethes *Faust I*
3.   Große Intriganten und ihre Intrigen im Vergleich
   3.1 Marinelli – ein typischer Kammerherr?
   3.2 Mephisto – ein verlässlicher Bündnispartner?
   3.3 Eine höfische Intrige – Marinellis Motivation und Vorgehen
   3.4 Eine teuflische Intrige – Mephistos Intention und Strategien
   3.5 Einfluss der höfischen Intrige auf die Handlung – die Schuldfrage
   3.6 Einfluss der teuflischen Intrige auf die Handlung – die Schuldfrage
4.   Mephisto als „Marinelli der Hölle"? – ein Vergleich
5.   Resümee
Literaturverzeichnis
Anhang

2 Entscheiden Sie sich begründet für eine der beiden Varianten von Aufgabe 1.

Variante: _____   *Begründung:* _____

_____

_____

_____

_____

Tipp   Die Haftzettelmethode nutzen

Für das Erarbeiten Ihrer Gliederung, der gedanklichen Struktur Ihrer Facharbeit, bietet sich die **Arbeit mit beschrifteten Haftnotizen** an. Diese Methode hat den Vorteil, dass man die inhaltliche Struktur jederzeit variieren und die Blöcke **neu anordnen** kann. Achten Sie vor allem auf eine logische Verknüpfung der Informationen im Hauptteil nach geeigneten Gliederungsprinzipien (► S. 17).

---

3 **a** Entwickeln Sie mit Hilfe der abgebildeten Notizzettel auf der folgenden Seite zwei Varianten einer Gliederung des Hauptteils einer Facharbeit zum Thema „Fußballsprache".
Kopieren Sie dazu die Seite und schneiden Sie die Kästchen aus oder übertragen Sie den Inhalt der Kästchen auf Haftzettel (► S. 19). Sie müssen nicht alle Haftnotizen nutzen.

b Formulieren Sie stichwortartig, welche Wirkung Sie mit der jeweiligen Gliederung erzielen können.

Einleitung	*Hinführung Zitat*	*Problemstellung*	*Vorgehensweise*	*Material*
Hauptteil	*eine Radioreportage*	*mein Spielerinterview*	*Bildfeld „Natur"*	*Fernsehreportage*
Theorie der Metapher	*Funktionen der Bildfelder*	*Definition bei Lakoff/Johnson*	*Definition „Metapher"*	
verwendete Bildfelder	*mein Trainerinterview*	*Unterschiede bei Verwendung*	*Bildfeld „Krieg"*	
Unterschiede live/Rückblick	*Bildfelder benennen*			
Schluss	*Bezug Frage Einleitung*	*zentrale Ergebnisse*	*Ausblick*	

Gliederungsvariante 1:

Hauptteil				
Theorie der Metapher				

Wirkung von Gliederungsvariante 1:

_____

_____

_____

Gliederungsvariante 2:

Hauptteil				

Wirkung von Gliederungsvariante 2:

_____

_____

_____

4 Entwerfen Sie auf der Basis der Haftzettelmethode (▶ Aufg. 3) eine Gliederung für Ihre Facharbeit.
Nutzen Sie dazu das tabellarische Schema unten.

    a   Entscheiden Sie sich für eine Form der Klassifikation (zweite Spalte) und notieren Sie entsprechend:
        I. bzw. 1. ... (▶ S.17).

    b   Füllen Sie die Tabelle nach dem von Ihnen gewählten Gliederungsprinzip aus.

Gliederungsentwurf zu meiner Facharbeit

	Klassifikation	Gliederungspunkte	Materialien
Einleitung			
Hauptteil			
Schluss			
Quellen			
Anhang			

5 Besprechen Sie Ihren Gliederungsentwurf mit Ihrer Fachlehrerin bzw. Ihrem Fachlehrer, bevor Sie an die Ausarbeitung gehen (▶ Info S.15).

6 Tragen Sie im Verlauf Ihres Arbeitsprozesses in der rechten Spalte Ihre Materialien (Literatur, Grafiken usw.) ein.

3.1 Recherchieren: Vom Internet zur Bibliothek

Quellenrecherche in Internet und Bibliothek – Die Recherchespirale

---

Info **Bibliothek oder Internet? – Bibliothek *und* Internet!**

Nachdem Sie das Thema Ihrer Facharbeit festgelegt haben, beginnen Sie mit der Recherche und Beschaffung von Material bzw. Informationen. Verfolgen Sie eine klare Recherchestrategie, damit Sie nicht in einer Flut aus Informationen untergehen, sondern zielgerichtet ein breites Quellenspektrum nutzen:

- **Was suche ich?** – Verschaffen Sie sich anhand Ihrer Gliederung (▶ S. 17) zunächst Klarheit darüber, welche Informationen Sie benötigen, und formulieren Sie **Schlagwörter** („Tags“).
- **Wo suche ich?** – Das **Internet** bietet sich für den Einstieg in die Recherche an, da es eine unendliche Fülle von Informationen enthält – die allerdings zu ordnen und auf ihre Zuverlässigkeit hin zu prüfen sind. Große Bestände wertvoller Fachinformationen liegen zudem immer noch nur in gedruckter Form vor, deshalb müssen Sie – ausgehend von der Internetrecherche – auch **Bibliotheken** und ggf. **Archive** nutzen.
- **Wie suche ich?** – Die perfekte **Suchstrategie** funktioniert wie eine **Recherchespirale** (siehe unten), bei der Sie Ihre Ergebnisse schrittweise immer mehr **verfeinern und verknüpfen** und so zu einer Materialsammlung gelangen, die Sie auswerten und mit Ihrer Gliederung verbinden können.

Info **Die Recherchespirale – Verknüpfen und Verfeinern**

Bei Ihrer Recherche durchlaufen Sie wie bei einer Spirale mehrfach die gleichen Arbeitsschritte (Recherche → Auswertung → verfeinerte Recherche → Auswertung ...): Sie beurteilen nach einer **Basisrecherche**, zum Beispiel bei *Wikipedia,* das gefundene Material, fassen relevante Informationen zusammen, sortieren Unwichtiges aus und notieren neue Schlagwörter.
Mit diesen beginnen Sie eine **Feinrecherche** mit Hilfe von **Suchmaschinen, Online-Angeboten von Zeitungen, Archiven, Mediatheken** usw.
Nach mehreren Durchläufen erhalten Sie ein Ergebnis, das **gedanklich schlüssig** und einwandfrei **mit Quellen belegt** ist.

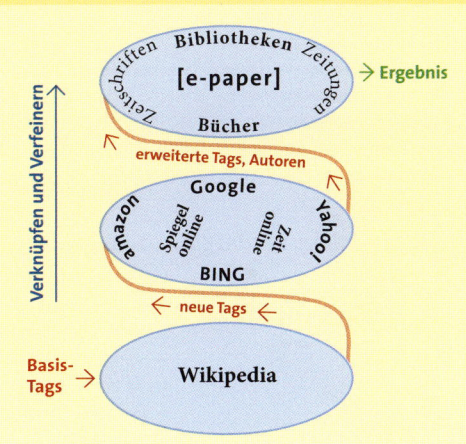

---

1 Erklären Sie die Recherchespirale mit Hilfe der Grafik im Infokasten.

_____

_____

_____

_____

_____

2 Formulieren Sie, welche Vorerfahrungen Sie mit der Recherche im Internet, in Bibliotheken und Archiven haben.

_____

_____

_____

Basisrecherche

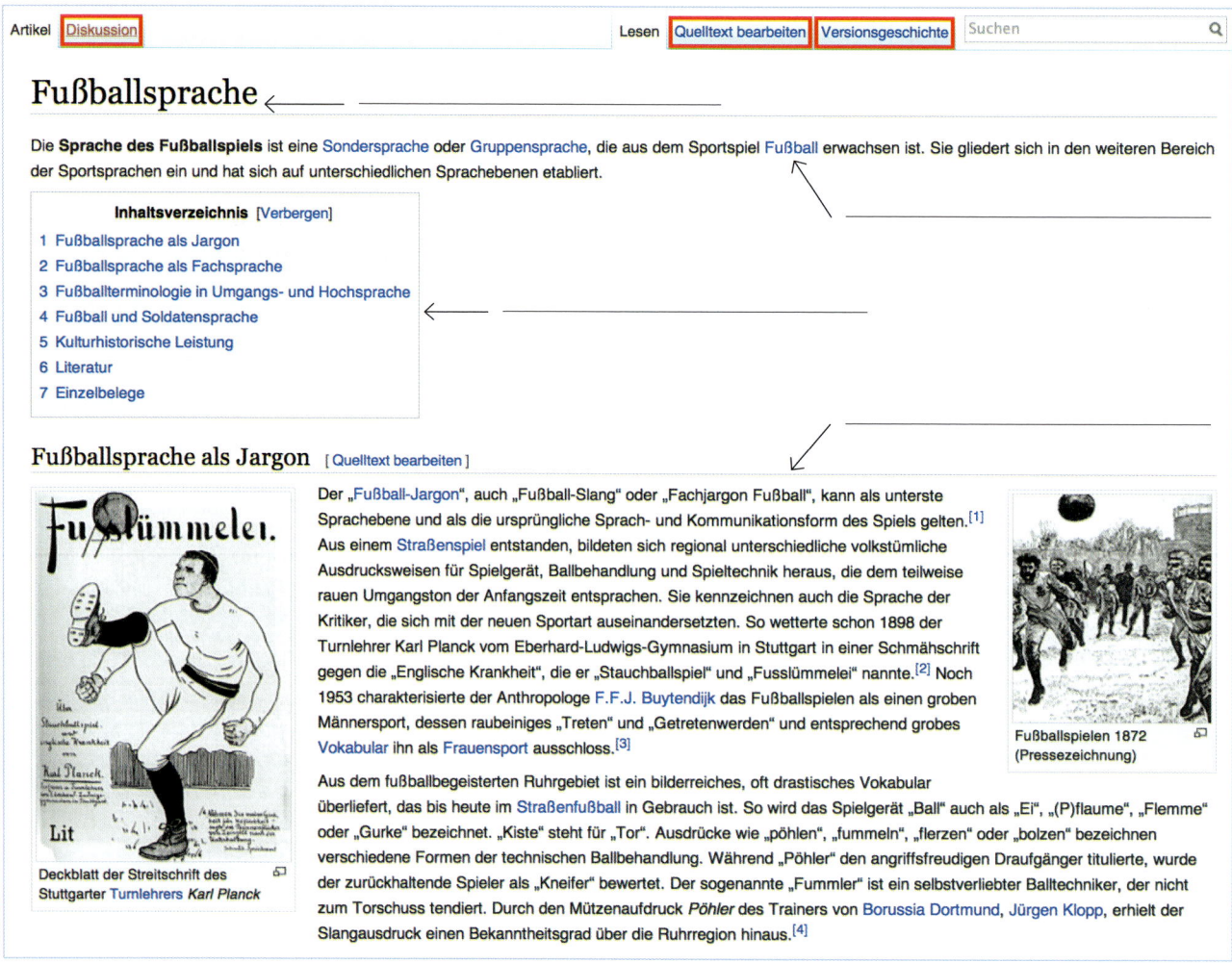

---

1 Untersuchen Sie den Auszug aus dem Wikipedia-Artikel „Fußballsprache".
Nutzen Sie dazu eigene Erfahrungen mit dem Online-Lexikon und recherchieren Sie bei Bedarf.

a   Beschreiben Sie den Aufbau. Berücksichtigen Sie dabei auch die mit Pfeilen markierten Elemente.

_____

_____

_____

_____

b   Erläutern Sie, was sich jeweils hinter den rot umrandeten Elementen auf der *Wikipedia*-Webseite
(▶ Screenshot S. 22) verbirgt und inwiefern sie wesentliche Funktionen für die *Wikipedia* darstellen.

„Diskussion": _____

_____

_____

„Quelltext bearbeiten": _____

_____

_____

„Versionsgeschichte": _____

_____

_____

2   Wie funktioniert die „freie Enzyklopädie" *Wikipedia* und inwiefern kann sie als verlässliche Quelle dienen?
Informieren Sie sich über Nutzen und Grenzen des Projekts bei *Wikipedia* selbst und auf anderen Websites
(z. B. *www.klicksafe.de/wikipedia*). Geben Sie beispielsweise die Schlagwörter „Qualitätskontrolle", „Qualitäts-
kriterien", „Kritik" ein. Machen Sie sich Notizen zu Ihren Ergebnissen.

_____

_____

_____

_____

_____

_____

_____

_____

_____

3   Untersuchen Sie folgenden Auszug aus den Literaturangaben zum *Wikipedia*-Artikel „Fußballsprache".
Markieren Sie die Bücher, die Ihnen mit Blick auf den Titel und das Erscheinungsjahr für die Weiterarbeit
hilfreich erscheinen.

Literatur [Quelltext bearbeiten]

- Werner Boschmann: *Lexikon der Ruhrgebietssprache von Aalskuhle bis Zymtzicke. Mit den Höhepunkten der deutschen Literatur – in reinem Ruhrdeutsch.* Verlag Henselowsky Boschmann, Essen 1993, ISBN 3-922750-01-X.
- Dieter Bott, Marvin Chlada, Gerd Dembowski: *Ball und Birne. Zur Kritik der herrschenden Fußballkultur.* Hamburg 1998, ISBN 3-87975-711-9.
- Armin Burkhardt: *Wörterbuch der Fußballsprache.* Verlag Die Werkstatt, Göttingen 2006, ISBN 3-89533-530-4.
- F.F.J. Buytendijk: *Das Fussballspiel,* Werkbund-Verlag, Würzburg 1953.
- Walter Haubrich: *Die Bildsprache des Sports im Deutsch der Gegenwart.* Schorndorf 1965.
- Dieter Möhn: *Fachsprachen und Gruppensprachen.* In: Lothar Hoffmann (Hrsg.): *Fachsprachen. Ein internationales Handbuch zur Fachsprachenforschung und Terminologiewissenschaft.* De Gruyter, Berlin 1998, ISBN 3-11-011101-2, S. 168–181.
- Karl Planck: *Fusslümmelei. Über Stauchballspiel und englische Krankheit.* Verlag W. Kohlhammer, Stuttgart 1898.

4 Lesen Sie den gesamten *Wikipedia*-Artikel „Fußballsprache". Überprüfen Sie, ob Ihnen folgende daraus abgeleitete Tags für die anschließende Feinrecherche plausibel erscheinen. Streichen oder ergänzen Sie ggf. Schlagwörter.

Jargon, Fachsprache, Abseits, Metaphern, kulturgeschichtliche Leistung …

Tipp   *Wikipedia*-**Artikel zitieren und herunterladen**

Wenn Sie bei einem *Wikipedia*-Artikel die korrekte Literaturangabe benötigen, klicken Sie im **linken Seitenmenü** auf **„Artikel zitieren"**. Sie erhalten dann die vollständige Zitatangabe angezeigt und können sie kopieren.
Um einen Artikel als PDF abzuspeichern, klicken Sie im linken Seitenmenü auf „Als PDF herunterladen".

5 Führen Sie für Ihr eigenes Facharbeitsthema eine Basisrecherche nach dem beschriebenen Muster durch.
a Formulieren Sie zunächst geeignete Schlagwörter, die sich aus Ihrer Gliederung (▶ Kap. 2.4) ableiten.

b Suchen Sie *Wikipedia*-Artikel zu diesen Schlagwörtern und werten Sie diese aus. Notieren Sie dabei Tags, die Sie für die anschließende Feinrecherche nutzen wollen.

c Untersuchen Sie insbesondere die Literaturverzeichnisse am Ende der Artikel. Notieren Sie Titelangaben, die Ihnen für Ihr eigenes Thema vielversprechend erscheinen. Achten Sie darauf, die Quellenangaben korrekt und vollständig zu notieren. Orientieren Sie sich am Muster, das im Artikel vorgegeben wird.

Feinrecherche I – Spuren verfolgen

Info   **Feinrecherche mit Suchmaschinen**

Suchmaschinen sind ein äußerst praktisches Instrument, mit dem Sie die schier unendliche Fülle des Materials im Internet durchsuchen und für Sie relevante Ergebnisse herausfiltern können. Zu diesem Zweck sollten Sie die passenden **Instrumente** und **zielführende Recherchestrategien** anwenden:

■ Nutzen Sie die verschiedenen Möglichkeiten der Suchmaschinen, **Ergebnisse zu beeinflussen und zu filtern.** Die Suchmaschinen ermöglichen Ihnen z. B. die **Einschränkung des Such-Zeitraums,** den **Ausschluss bestimmter Begriffe** aus Ihrer Suche, die exakte **Suche nach festen Wortfolgen** oder die **Eingrenzung der Suche auf bestimmten Websites** (▶ Aufgabe 1).

■ Setzen Sie sich ein **Zeitlimit** für den ersten Schritt Ihrer verfeinerten Suche. Nach etwa 30 Minuten überprüfen Sie, ob Ihre bisherige Suche effizient war, ob Sie noch auf dem richtigen Weg sind und ob Sie Ihre Suche durch neue Suchbegriffe oder Einschränkungen weiter verfeinern können.

■ Suchmaschinen liefern Ihnen nicht nur Links zu Websites, sondern auch **Bilder, Grafiken, Videos, Nachrichtenmeldungen** oder **digitalisierte Bücher,** die zu Ihrem Suchbegriff passen.

■ Überfliegen Sie die Ergebnisse **bis mindestens Seite 5** und prüfen Sie mit Hilfe der **Vorschau,** welche Seiten für Sie relevant sein können. Dazu bietet z. B. *Google* unter dem Titel und der URL einen kurzen Textauszug („Snippet") und häufig auch ein Datum, das Auskunft über die Aktualität gibt.

■ **Sichern** Sie Suchergebnisse, indem Sie unter „**Lesezeichen**" einen entsprechenden Ordner anlegen (z. B. „Facharbeit Fußballsprache") und geeignet scheinende Websites dort abspeichern. Dokumente (.pdf, .doc …) und Bilder können Sie mit „Speichern unter …" direkt auf Ihrer Festplatte sichern.

1 Informieren Sie sich über die Unterschiede, Vor- und Nachteile verschiedener Suchmaschinen (▶ Infokasten).

2 Für eine zielführende Suche müssen Sie wissen, wie Sie Suchergebnisse beeinflussen und filtern können. Lesen Sie die Hinweise in der Tabelle und notieren Sie in der rechten Spalte möglichst mehrere Suchanfragen zu Ihrem Facharbeitsthema.

Technik	Beispiel	Suchbegriffe und Kombinationen für Ihre Facharbeitsrecherche
Begriffe kombinieren	Bei dieser einfachsten Technik kombinieren Sie mehrere Schlagwörter (z. B. *Fußball Fachsprache*) und erzielen damit Treffer, in denen alle diese Begriffe enthalten sind. Bei den meisten Suchmaschinen ist diese Option als Standard voreingestellt.	
Zeitraum definieren	Um nur Ergebnisse aus einem bestimmten Zeitraum zu erhalten, zum Beispiel von 2000 bis 2015, definieren Sie einen Zeitraum (z. B. *Fußballsprache 2000…2015*). Sie können dazu bei *Google* ebenfalls die „Suchoptionen" oberhalb der Ergebnisliste nutzen.	
Begriffe ausschließen	Geben Sie einen Begriff mit einem Minuszeichen davor ein, um Treffer mit diesem Stichwort auszuschließen. Möchten Sie z. B. keine Ergebnisse zu Wörterbüchern der Fußballsprache erzielen, suchen Sie nach *Fußballsprache -Wörterbuch*.	
feste Wortverbindungen (Phrasen)	Suchen Sie feste Wortverbindungen (Phrasen), dann schließen Sie diese in Anführungszeichen ein, z. B.: *„Das Spiel dauert neunzig Minuten"*. Dann werden Ergebnisse angezeigt, in denen der Satz wörtlich vorkommt.	

Technik	Beispiel	Suchbegriffe und Kombinationen für Ihre Facharbeitsrecherche
nur bestimmte Websites (site:-Suche)	Mit dem Befehl *site:* beschränken Sie Ihre Suche auf ausgewählte Websites. Wollen Sie z. B. die Bericht-erstattung zum Thema bei *Spiegel online* unter-suchen, geben Sie *Fußballsprache site:spiegel.de* ein. Mit Eingabe von *site:*.de* grenzen Sie die Suche auf Seiten mit der Endung „.de" ein.	
Dokumente (filetype:-Suche)	Im Internet finden Sie zahlreiche zuvor in gedruckter Form veröffentlichte Aufsätze, Artikel usw. Meist sind sie als PDF-Dokumente verfügbar. Nach Texten in diesem Dateiformat suchen Sie, wenn Sie *Fußballsprache filetype:pdf* eingeben.	

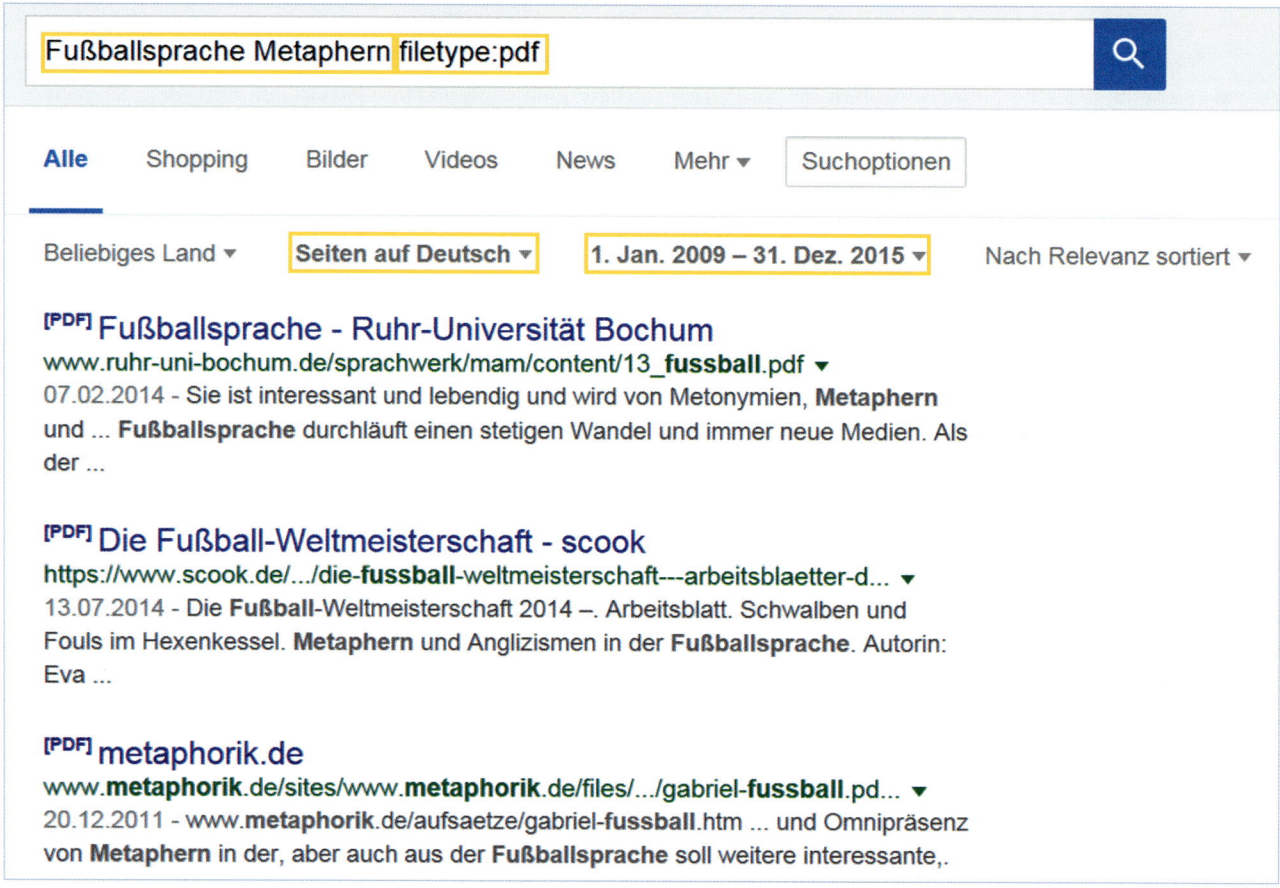

Quelle: Google Inc.

3 Erläutern Sie anhand der gelb umrandeten Elemente, welche Suchtechniken bei der hier gezeigten Internet-recherche verwendet worden sind.

Vier Suchtechniken:

1. Kombination von ...
_____

_____

2.
_____

_____

3.

_____

_____

4.

_____

_____

4 Beschreiben und beurteilen Sie die auf Seite 26 abgebildeten Suchergebnisse bei _Google_.
Welche Aspekte des Themas „Fußballsprache" werden behandelt? Erscheinen Ihnen diese Quellen zuverlässig?
Begründen Sie Ihre Einschätzung mit Hilfe des Infokastens unten.

_____

_____

_____

_____

_____

_____

_____

_____

_____

_____

Info **Online-Informationsquellen einschätzen**

Das Internet bietet eine schier unendliche Fülle an Informationen. Viele davon sind wertvoll und richtig.
Ebenso gibt es jedoch viele zweifelhafte, unvollständige oder falsche Darstellungen, z. B. in Foren, Blogs, auf
Hausaufgabenportalen, aber auch auf Websites von Personen oder Institutionen, die auf den ersten Blick
glaubwürdig erscheinen. Deshalb müssen Sie als Nutzer/in die Qualität und Zuverlässigkeit einer Internetquelle
kritisch prüfen. Dabei helfen Ihnen folgende Fragen:
- Wer ist der **Urheber?**
  Jede seriöse Seite besitzt ein **Impressum,** das Ansprechpartner und Kontaktdaten enthält.
  Universitäten, Verlage, Medienhäuser (_FAZ, Der Spiegel, Die Zeit_ usw.) arbeiten in der Regel mit Experten
  und Redaktionen, die die Richtigkeit veröffentlichter Informationen überprüfen.
- Wird **Expertenwissen** geboten?
  Experten für ein Fachgebiet sind meist vertrauenswürdige Quellen und werden häufig von anderen Experten
  und Quellen **zitiert.** Je mehr zuverlässige Anbieter eine Seite **verlinken,** desto höher ist ihre Glaubwürdigkeit.
  Zudem kann man sich über die Experten mit Suchmaschinen näher informieren.
- **Belegt** die Website ihre Aussagen **mit nachvollziehbaren Quellenangaben?**
  Lassen sich die Aussagen durch weitere zuverlässige Quellen bestätigen?
- Was ist der **Veröffentlichungszweck?**
  Handelt es sich um ein kommerzielles Angebot, ist **Werbung** vorhanden bzw. klar gekennzeichnet?
  An welche **Zielgruppe** richtet sich die Website?
- Wirken **Format** und **Schreibstil** professionell und seriös?
  Sind **Stil und Rechtschreibung** in Ordnung? Sind die Texte **sachlich-informativ,** enthalten sie **Fachbegriffe?**
- Sind die Informationen **aktuell?**
  Wann wurde die Seite zuletzt überarbeitet? Gibt es Literaturangaben neueren Datums?

© Bundeszentrale für politische Bildung

Quelle: www.gutefrage.net/frage/kennt-ihr-sport-metaphern-zb

5 Untersuchen Sie die beiden Screenshots. Beurteilen Sie die Quellen mit Hilfe des Infokastens (▶ S. 27) hinsichtlich Informationsgehalt und Zuverlässigkeit und formulieren Sie ein vergleichendes Fazit.

Urheber: _____

_____

_____

_____

_____

_____

_____

_____

_____

_____

_____

_____

6 Recherchieren und notieren Sie für Ihr eigenes Thema zuverlässig erscheinende Internetquellen.

_____

_____

_____

_____

_____

_____

_____

_____

_____

7 Bei Ihrer Recherche dringen Sie immer tiefer in das Thema ein. Dabei verfeinern und verknüpfen Sie die Informationen und gewinnen aus dem Material neue Suchmöglichkeiten.

a   Untersuchen Sie den Auszug aus einem Interview in der Zeitschrift *Der Spiegel*. Notieren Sie weiterführende Suchbegriffe.

Isabell Hülsen: **„Fußball ist humorresistent"** (2014, Auszug)

SPIEGEL: Im Feuilleton ist der Fußball aber längst angekommen.

Roth: Feuilletonisten sind manchmal auch nur Opportunisten. Die Feuilletons haben nach dem Fall der Mauer und
5 dem WM-Gewinn 1990 angefangen, Fußball als gesellschaftliches und ästhetisches Phänomen wahrzunehmen. Man versuchte plötzlich, sich die Gesellschaft über den Fußball zu erklären, Fußball wurde zu einer Art Ersatzideologie. Die *taz* schrieb mal, man solle sich an dem „System" Jogi
10 Löw und der Art, wie der Bundestrainer seine Mannschaft spielen lässt, ein Vorbild nehmen für gesellschaftliche Reformen. Da muss einem angst und bange werden.

b   Im *Wikipedia*-Artikel „Fußballsprache" ist unter den Literaturangaben auch Armin Burkhardts *Wörterbuch der Fußballsprache* aufgeführt. Finden Sie dieses Buch mit Hilfe der Suchfunktion bei *Amazon* und prüfen Sie die Titel, die unter „Kunden, die diesen Artikel gekauft haben, kauften auch" aufgeführt werden. Notieren Sie mindestens zwei weitere Titel, die für eine verfeinerte Recherche hilfreich sein könnten.

Tipp   Die Buchvorschau nutzen

Sowohl *Amazon* („Blick ins Buch") als auch *Google Books* bieten häufig eine Vorschau auf das Inhaltsverzeichnis und die ersten Seiten eines Buchs. Das erleichtert Ihnen die Beurteilung, ob der Titel für Ihr Thema relevant ist.

Info   Videos, Podcasts & Co.

Im Internet finden Sie nicht nur Texte, sondern auch vielfältige Multimedia-Inhalte, die Sie verwenden können:
- Auf Videoportalen bzw. -plattformen gibt es zu zahlreichen Themen hochwertige Dokumentationen. Zum Thema „Fußballsprache" finden Sie Reportagen, Interviews und Spielkommentare, die Ihnen Originalmaterial zur Analyse des Sprachgebrauchs liefern.
- Podcasts sind über das Internet abrufbare Audio- oder Videobeiträge zu einem Thema, die häufig mit begleitenden Materialien verbunden sind. Vor allem der *Deutschlandfunk* produziert hochwertige Podcasts mit einem breiten Themenspektrum.

8 Führen Sie nun die Feinrecherche für Ihr eigenes Facharbeitsthema wie beschrieben durch. Notieren Sie erweiterte Schlagwörter, Titelangaben und Autorennamen, mit denen Sie Offline-Quellen recherchieren wollen.

Feinrecherche II – Bücher und Bibliotheken nutzen

1 Informieren Sie sich über das Angebot der Bibliotheken in Ihrer Nähe.
Lesen Sie die Homepage „Ihrer" Bibliothek und suchen Sie nach Informationen, die für Ihre Facharbeits-Recherche relevant sein können. Kreuzen Sie an:

Meine Bibliothek bietet …	ja	nein
a … einen Online-Katalog, der auch von zu Hause durchsucht werden kann.	☐	☐
b … eine kostenlose Mitgliedschaft für Jugendliche unter 18 Jahren.	☐	☐
c … E-Ausleihe für digitale Medien.	☐	☐
d … die kostenlose Nutzung weiterer externer Datenbanken.	☐	☐
e … spezielle Hilfestellungen für Schülerinnen und Schüler, die mir bei der Facharbeit helfen können (Sprechstunden, Kurse usw.).	☐	☐
f … die Möglichkeit, nicht im Bestand vorhandene Medien (Bücher, Aufsätze …) per Fernleihe zu bestellen.	☐	☐

2 Ermitteln Sie mit einer Suchmaschine die Webadresse Ihrer Stadtbibliothek (oder einer anderen nahe gelegenen größeren Bibliothek) und recherchieren Sie dort zu Ihrem eigenen Thema.
   a Geben Sie in der Suchmaske des Online-Katalogs die Begriffe ein, die Sie im Teilkapitel „Feinrecherche – Spuren verfolgen" (▶ S. 29, Aufg. 8) erarbeitet haben.
   b Prüfen Sie die Ergebnisse und notieren Sie drei Medien (Bücher, Aufsätze, Sammelbände) mit der vollständigen Quellenangabe (▶ S. 68 f.).

1. _____

_____

_____

2. _____

_____

_____

3. _____

_____

_____

Feinrecherche III – Archive und Datenbanken nutzen

Archive und Datenbanken

Besonders bei (zeit-)geschichtlichen Themen, aber auch bei einer Analyse der Fußballsprache kann es sinnvoll sein, nicht nur Material zu verwenden, das bereits in Büchern und im Internet von anderen aufbereitet worden ist ("Sekundärliteratur"), sondern selbst interessante Dokumente zu finden und auszuwerten. In Deutschland bewahren etwa **2000 Archive** Unterlagen, Dokumente, Karten, Fotos, Filme usw. auf – die Digitalisierung ist im Gange:

- **Staats-, Landes- und Kommunalarchive** bewahren staatliche bzw. öffentliche Dokumente auf, z. B. Protokolle von Ratssitzungen, Luftbilder, Gründungsurkunden von Städten usw.
- **Kirchliche Archive** beinhalten die Bestände von Landeskirchen sowie Pfarr- und Kirchengemeinden.
- **Parlaments-, Partei- und Verbandsarchive** sammeln die Unterlagen des Bundestags und seiner Fraktionen, aber auch Nachlässe von Politikerinnen und Politikern.
- **Medienarchive** sind die Archive von öffentlich-rechtlichen und privaten Rundfunkanstalten und vor allem auch von Zeitungen und Zeitschriften. Zahlreiche Archive in diesem Bereich sind kostenlos online abrufbar.

Datenbanken sammeln Informationen zu spezifischen Themen und geben entweder ihre Quellen an oder verweisen auf frei zugängliche Volltexte im Internet.

- Zahlreiche **Datenbanken** sind **kostenlos** verfügbar, z. B. *www.destatis.de* (Datenbank des Statistischen Bundesamts), *www.deutsche-digitale-bibliothek.de* (Deutsche Digitale Bibliothek).
- **Kostenpflichtige Datenbanken** werden oft von Bibliotheken abonniert, deren Benutzer dann online freien Zugriff darauf haben.

1 Recherchieren Sie im Archiv der Zeitschrift *Der Spiegel (http://www.spiegel.de/spiegel/print/)* zum Thema "Fußball und Sprache". Notieren Sie zwei Artikel, in denen das Thema besprochen wird und die seit 2005 erschienen sind. **Tipp:** Verwenden Sie die Suchfilter auf der linken Seite.

_____

_____

_____

_____

2 Recherchieren Sie zu Ihrem eigenen Thema im Online-Archiv von *Der Spiegel*. Notieren Sie die vollständigen Titelangaben inklusive Erscheinungsdatum.

_____

_____

_____

_____

3 Überprüfen Sie mit Hilfe des zentralen Archivportals *(https://www.archivportal-d.de/)*, welche Archive sich in Ihrer Nähe befinden. Notieren Sie Ideen, welche Informationen zu Ihrem Facharbeitsthema Sie dort finden könnten.

_____

_____

Ergebnisse protokollieren und die Suche abschließen

Quellen systematisch festhalten

Ein klar strukturiertes Ordnungssystem hilft Ihnen, den Überblick zu behalten und den Arbeitsprozess effizient zu gestalten. Dazu müssen Sie schon bei der ersten Sichtung des Materials gliedern und protokollieren.
- Legen Sie in Ihrem Browser **Lesezeichen** für Websites an, **speichern** Sie digitale Dokumente in einem eigenen Ordner und legen Sie Papierstreifen in Bücher, die Sie an dieser Stelle noch genau auswerten wollen.
- Notieren Sie zu jedem Text die vollständigen **Quellenangaben,** interessante **Zitate** und erste **Ideen zur Verwendung des Textes.** Verwenden Sie z.B. **Quellenprotokolle** (s. u.).

1 Sichten Sie Ihr Material und füllen Sie das tabellarische Quellenprotokoll exemplarisch für eine Ihrer Buchquellen aus. Wichtig ist, dass Sie bei diesem Schritt versuchen, die gesammelten Texte inhaltlich miteinander zu verknüpfen.

Quellenprotokoll	Laufende Nummer:
Bibliografische Angaben	Passt zum Aspekt:
Autor/in	Notizen zum Inhalt:
Titel (ggf. Web- adresse)	
Ort	Interessantes Zitat (mit Seitenzahl):
Jahr	
Seiten (bei Artikeln)	
Lässt sich gedanklich verknüpfen mit folgenden Texten:	Weitere interessante Textstellen / Kritik:

Zitate einbauen

Aussagekräftige Zitate sind für Ihre Facharbeit meist wichtiger als „Kopien" ganzer Seiten. Notieren Sie Zitate mit zentralen, themenrelevanten Aussagen im Quellenprotokoll, auf Karteikarten oder in einer Computerdatei.

2 Finden Sie heraus, welche Form des Ordnungssystems für Sie am effizientesten ist. Erproben Sie andere Möglichkeiten: Karteikarten, digitale Office-Dokumente oder sogar Programme zur Literaturverwaltung.

3 Notieren Sie die Informationsquellen, mit denen Sie weiterarbeiten wollen, in Ihrer Gliederung (▶ S. 17) zu den jeweils passenden (Unter-)Kapiteln.

3.2   Empirisch arbeiten

Info   **Methoden der empirischen Untersuchung**

Manche Sachverhalte lassen sich nur mit Hilfe einer **empirischen Untersuchung** klären. Dabei wenden Sie Methoden der Empirie, also der auf Erfahrung basierenden Wissenschaften an – vereinfacht gesagt: Sie messen und zählen. Hier lässt sich unterteilen in

a) **quantitative Methoden,** bei denen Sie Daten in standardisierter Weise erheben, mit statistischen Verfahren auswerten und in geeigneter Form (z. B. in Diagrammen) darstellen. Zu diesen Methoden gehören die **Um-frage** (schriftliche Befragung mit Hilfe von Fragebögen), die **mündliche Befragung** (mit Fragebögen, die entsprechend den Aussagen der Interviewten vom Fragesteller selbst ausgefüllt werden), das **Experiment** oder der **Test** und die **statistische Untersuchung,** die vorhandenes Datenmaterial untersucht.

b) **qualitative Methoden,** bei denen nicht die mengenmäßige Verteilung von Angaben, sondern deren inhaltliche Entfaltung im Vordergrund steht. Dazu gehören das **narrative Interview,** in dem die befragte Person durch entsprechende Fragetechniken zum Erzählen gebracht wird und ausführlich zu einem Sachverhalt Auskunft geben soll, die **Beobachtung des Verhaltens** von Menschen oder Tieren in bestimmten Situationen, die **Besichtigung eines Ortes** und ggf. Erkundung der dort stattfindenden Abläufe sowie die **Aktionsforschung** (die/der Forschende erkundet ein Verhalten oder eine Handlung, indem sie/er selbst aktiv daran teilnimmt).

1   Eine Schülerin will die Kommunikation zwischen Lehrern und Schülern im Schulunterricht untersuchen. Welche Verfahren der empirischen Untersuchung hat sie für ihr Vorhaben jeweils gewählt?

A   Zunächst bittet sie Mitschüler/innen, von ihren Erfahrungen mit Unterrichtskommunikation zu erzählen.

Gewählte Methode: _____

B   Im Anschluss geht sie mit den Befragten einen von ihr erstellten Multiple-Choice-Fragebogen zum Thema durch und kreuzt dort die jeweils gegebenen Antworten an.

Gewählte Methode: _____

C   Als Nächstes gleicht sie die von ihr gefundenen Ergebnisse mit Daten zur Unterrichtskommunikation ab, die sie in einem Buch zum Thema gefunden hat.

Gewählte Methode: _____

D   Schließlich lässt sie eine Klasse mit deren Lehrerin ausprobieren, was geschieht, wenn in einer Unterrichtsstunde nur noch die Lehrerin reden darf.

Gewählte Methode: _____

Bundestrainerin Silvia Neid im Interview (Wolfsburg, 2014)

Interview vor einem Spiel der thailändischen Premier League (Sisaket, 2015)

Info   Das Interview

Ein Interview kann Kenntnisse oder Meinungen der Befragten einholen. Ein **standardisiertes Interview** erfolgt mittels eines Fragebogens (hier steht die Vergleichbarkeit der Antworten im Vordergrund); im **freien Interview** kann die/der Fragesteller/in stärker auf das Gesagte eingehen. Eine Sonderform ist die Methode **Oral History**, bei der Alltagsgeschichte mit Hilfe der mündlichen Erzählungen von Zeitzeugen erfasst wird.

Tipps zur Vorbereitung und Durchführung eines Interviews:

- Überlegen Sie sich genau, welche **Ziele** Sie mit dem Interview verfolgen, und fokussieren Sie diese stets.
- **Formulieren Sie** ein breites Spektrum anregender möglicher **Fragen** (ohne diese stur abzuarbeiten).
- Bereiten Sie sich gut auf Ihre **Gesprächspartner/innen** (Biografie, Interessen) vor.
- Bereiten Sie eine genaue **Dokumentation** des Gesprächs (z. B. Tonaufnahme) vor.
  Holen Sie das Einverständnis der Befragten zur Dokumentation ihrer Aussagen ein.

1 Sie planen für Ihre Arbeit zum Thema „Formen der Live-Kommentierung eines Fußballspiels" ein freies Interview mit einem Radiokommentator zu seiner Kommentierweise. Überlegen Sie, welche Ziele Sie mit Ihrem Interview erreichen wollen, und formulieren Sie zwei dieser Ziele knapp und präzise:

Ziel A: _____

Ziel B: _____

2 Welche der folgenden Fragen an den Kommentator erscheinen Ihnen für Ihr Interview sinnvoll?

A   „Wie sind Sie zum Kommentatorenberuf gekommen?"

(nicht) sinnvoll, weil _____

B   „Versuchen Sie während des Kommentierens, typische, oft verwendete Kommentarphrasen zu vermeiden?"

(nicht) sinnvoll, weil _____

C   „Wann waren Sie nach einem Spiel mit Ihrem Kommentar schon einmal unzufrieden und warum?"

(nicht) sinnvoll, weil _____

D   „Was ist für Sie im Hinblick auf die sprachliche Gestaltung das Schwierigste beim Kommentieren?"

(nicht) sinnvoll, weil _____

3 Wäre die Durchführung eines Interviews eine sinnvolle Methode für das Thema Ihrer Facharbeit?
Falls ja, formulieren Sie genau die Ziele, die Sie mit dem Interview verfolgen wollen, und drei sinnvolle Fragen.

Ziele: Mit dem Interview will ich herausfinden, _____

_____

Frage 1: _____

_____

Frage 2: _____

_____

Frage 3: _____

_____

Info   **Die Umfrage**

Umfragen dienen dazu, innerhalb einer ausgewählten Personengruppe die Verteilung und/oder das Spektrum der Meinungen zu ermitteln.

Bei Umfragen mit **geschlossenen Fragen** sind die Antwortmöglichkeiten bereits formuliert vorgegeben. Formen sind u.a.:

- Alternativfragen, bei denen nur zwei Antworten möglich sind (z.B. *ja* oder *nein*);
- Multiple-Choice-Fragen, bei denen die Befragten aus einer Reihe von möglichen Antworten eine auswählen (z.B. *das ist ein Anglizismus / ein Fremdwort / ein Lehnwort*);
- Skalierungen, bei denen aus einem Spektrum von Antworten (z.B. von *völlig unannehmbar* bis *bestmögliche Lösung*) eine ausgewählt wird.

Umfragen mit **offenen Fragen** lassen die Befragten selbst Antworten formulieren; die gestellten Fragen sind so genannte Impulsfragen. Die Auswertung der Antworten ist hier komplexer, da bei der Auswertung interpretiert und ausgewählt werden muss.

1 Ordnen Sie die Fragen den im Infokasten genannten Fragetypen zu:

A   Bist du in den letzten zwölf Monaten ☐keinmal ☐einmal ☐zweimal ☐dreimal oder öfter im Theater gewesen?

Fragetyp: _____

B   Was hast du bei deinem letzten Theaterbesuch gedacht und gefühlt?

Fragetyp: _____

C   Sollten mehrere Theaterbesuche im Schuljahr für Schülerinnen und Schüler verpflichtend sein?   ☐ja ☐nein

Fragetyp: _____

D   Wie anregend war dein letzter Theaterbesuch mit dem Kurs / mit der Klasse für dich?
☐gar nicht anregend   ☐etwas anregend   ☐ziemlich anregend   ☐sehr anregend

Fragetyp: _____

2 Geschlossene Fragen sind leichter auszuwerten als offene.
Formulieren Sie die folgenden offenen Fragen sinnvoll in geschlossene Fragen um:

A   Warum sollten Schülerinnen und Schüler im Rahmen des Deutschunterrichts Theateraufführungen besuchen?

_____

_____

B   Viele Theater zeigen heute Stücke, die Thema des Zentralabiturs sind, um ein junges Publikum anzulocken. Wie bewerten Sie das?

_____

_____

Tipp   **Das Ziel der Umfrage im Blick behalten**

Vermeiden sie beim Vorbereiten einer Umfrage die beiden größten Gefahren: **Unklarheit über das zu erreichende Ziel** (Was will ich herausfinden? Welche Funktion werden die Ergebnisse in der Argumentation meiner Arbeit haben?) und **ungenaue bzw. unpassende Fragen.**

3 Wäre die Durchführung einer Umfrage eine sinnvolle Methode im Rahmen Ihrer Facharbeit?
Falls ja, formulieren Sie drei sinnvolle Fragen. Achten Sie dabei auf die Wahl der Frageform (► S. 35)
und die präzise Formulierung.

Frage 1: _____

_____

Frage 2: _____

_____

Frage 3: _____

_____

Info   Das Experiment

Ein **Experiment** dient meist dazu, eine präzise formulierte Annahme (**Hypothese**) zu **prüfen** und dabei zu
verifizieren, d. h. ihre Richtigkeit aufzuzeigen, oder zu **falsifizieren,** d. h. nachzuweisen, dass sie nicht richtig war.
Es stellt also eine Art „Frage an die Wirklichkeit" dar. Möglich ist auch ein offenes Experiment, bei dem eine
genau geplante Situation herbeigeführt wird, um dann offen die Ergebnisse bzw. Folgen zu prüfen.
Grundlage jedes Experiments ist die vom Experimentierenden bewusst festgelegte **Versuchsanordnung.**
Durch sie unterscheidet sich das Experiment von der reinen Beobachtung, bei der nicht in das beobachtete
System eingegriffen, d. h. die Situation nicht geplant wird.
Ein Beispiel: Sie möchten das Sprachverhalten von Kindern einer bestimmten Altersstufe untersuchen.
Zunächst formulieren Sie Fragen, die Sie Kindern dieser Altersstufe stellen wollen, und stellen eine Hypothese
darüber auf, wie diese sprachlich reagieren werden. Dann prüfen Sie die Hypothese, indem Sie Kinder befragen
und die Antworten mit Ihrer Hypothese vergleichen. Daraus ziehen Sie Schlüsse für das Thema Ihrer Untersuchung.

1 Sie wollen mit einem Experiment herausfinden, wie stark das Sprechen von Jugendlichen über Fußball von
sprachlichen Bildern (Metaphern, Vergleichen) geprägt ist. Entwerfen Sie eine sinnvolle Versuchsanordnung.

Hypothese: _____

_____

Zielgruppe/Untersuchungsgruppe: _____

_____

Versuchsanordnung: _____

_____

_____

_____

_____

_____

2 Wäre ein Experiment eine sinnvolle Methode für das Thema Ihrer Facharbeit?
Entwerfen Sie in Ihrer Kursmappe eine Versuchsanordnung.

4.1 Einen Überblick über die Materialien gewinnen und gezielt lesen

Info **Materialien gezielt lesen**

Beim Verfassen einer Facharbeit ist es wichtig, die **Materialien mit Blick auf die Problemstellung zu lesen.** Das bedeutet, dass Sie nicht alle Materialien systematisch analysieren, sondern schauen, welche offensichtlichen oder versteckten und welche widersprüchlichen Informationen Sie für das Schreiben Ihres Textes nutzen können. Bedenken Sie, dass einige Informationen möglicherweise gar nicht relevant für Ihre Facharbeit sind.

1 a Verschaffen Sie sich einen ersten Überblick über die Materialien 1 bis 4: Lesen Sie jeweils die Überschriften. Überfliegen Sie die Texte.

b Notieren Sie, in welchem Material Sie vermutlich Informationen zu welchem Untersuchungsaspekt finden (▶ Konzept S. 13, Gliederung S. 11):
Charakterisierung Marinellis: Verhalten, Eigenschaften, Verhältnis zum Prinzen / Fremdwahrnehmung
Marinellis Intrige: Ziele, Strategie, Ausgang / Erfolg der Strategie
Schuldfrage

M1: Charakterisierung, Ziele, Strategie ...

M2:

M3:

M4:

Info **Gotthold Ephraim Lessing:** *Emilia Galotti* **(1772) (Inhaltszusammenfassung)**

Prinz Hettore Gonzago hat sich leidenschaftlich in die bürgerliche Emilia Galotti verliebt. Er beauftragt seinen Kammerherrn Marinelli, Emilia für ihn zu gewinnen. Emilias Vermählung mit dem Grafen Appiani steht jedoch kurz bevor. So lässt Marinelli sich von dem Prinzen einen Freibrief geben und plant eine Intrige, welche die Entführung der Braut aus der Hochzeitskutsche und die Ermordung des von Marinelli gehassten Grafen zur Folge hat. Nach dem Überfall auf die Hochzeitskutsche wird Emilia auf Anweisung Marinellis gemeinsam mit ihrer Mutter auf das Lustschloss des Prinzen gebracht. Marinellis Intrige kommt ans Licht, da der Prinz Emilia im Vorfeld der geplanten Vermählung Avancen gemacht hat und der sterbende Graf Marinellis Namen flüstert. Die tugendhafte Emilia befürchtet, der Verführung durch den Prinzen nicht widerstehen zu können, weshalb ihr Vater – auf Bitten Emilias – seine eigene Tochter tötet.

M1   Eva Tüttelmann: **Die Figur des Intriganten und die Funktion der Intrige in „Emilia Galotti"** (2007)

a) Der Kammerherr als höfischer Intrigant

[...] Ist Marinelli ein <u>kaltherziger, skrupelloser Höfling</u>, der mit seiner Intrige <u>Emilia und Appiani auseinanderbringen</u> will? An dieser Stelle muss festgehalten werden, dass, nachdem der Prinz Marinelli die Regie überträgt und ihn förmlich bittet, die Hochzeit ab-

5 zuwenden, der Kammerherr sogleich alle möglichen Folgen und <u>notwendigen Schritte</u> seinerseits absichert:

MARINELLI: [...] Wollen Sie mir freie Hand lassen, Prinz? [...]

DER PRINZ: Alles, Marinelli, alles, was diesen Streich abwenden kann. (EG I, 6)

Hieraus lässt sich schließen, dass Marinelli bereits zu Beginn seines Intrigenplans damit

10 rechnet oder zumindest nicht ausschließt, dass seine Aktivitäten eventuell ungewollte Unannehmlichkeiten nach sich ziehen könnten. Auch im letzten Akt des Dramas charakterisiert er sich als <u>gewissenlosen Fiesling</u>: „Wozu dieser traurige Seitenblick? Vorwärts! denkt

Ziel: Verhinderung der Hochzeit

Strategie: Absicherung seiner Schritte
→ vgl. Grzesiuk, Z. 9 ff.

der Sieger: es falle neben ihm Feind oder Freund." (EG V, 1). Gierig nach Macht versucht

sich Marinelli die Gunst des Prinzen zu erschleichen. [...] Aber kann der Intrigant als reiner

15 Schurke gelesen werden? Ist Marinelli Täter oder vielleicht selbst unmündiges Opfer sei-

nes sozialen Umfelds?

Ziel: Macht,

Gunst des Prinzen

b) Marinelli als Repräsentant der Konsequenzen höfischer Verstellung

Die Figur des Marinelli strebt nach Macht. Die missliche Lage seines Fürsten ist für ihn

nur Mittel zum Zweck. Er hat gelernt, dass am Hof besondere Regeln herrschen. [...]

20 Peter-André Alt spielt mit der Idee, den Stempel des Intriganten von Marinelli zu lösen.

Marinelli bezeichne, „so scheint es, die Figur des Anstifters, der die bösen Triebe im Herr-

scher aktiviert, indem er ihn auf die vermeintliche Grenzenlosigkeit seiner Macht ver-

weist". Ist Marinelli also nur Anstifter? Oder stiftet er den Prinzen dazu an, ihn anzustif-

ten? Ist er Opfer des höfischen Zeremoniells und handelt so, weil er sich der Etikette

25 anzupassen versucht? Ein solcher Verdacht mag aufkommen, zumal sowohl die Figur des

Marinelli als auch die des Prinzen als Kritik am Hof gelesen werden kann. Betrachtet man

die Unbarmherzigkeit, die in den oben aufgeführten Repliken Marinellis mitschwingt,

wird es nahezu unmöglich, ihn – auf welcher Ebene auch immer – als Opfer seines Um-

felds zu betrachten. Vielmehr erscheint er wie eine konstruierte Warnung vor dem Ein-

30 fluss, den die zeitgenössische Verstellungstradition auf einen Charakter haben kann.

Strategie: nutzt die

Lage des Prinzen aus

Schuldfrage: Marinelli –

Opfer seines Umfelds?

→ widersprüchliche

Ansichten (Alt/

Tüttelmann)

M2   **Ewa Grzesiuk: Intriganten und Intrigen in Lessings *Emilia Galotti* (2007)**

Der Intrigant – „So viel Worte, so viel Lügen!" (IV,3)

Sucht man in der Forschungsliteratur nach positiven Meinungen über Marinelli, wird man,

ohne dabei besonders überrascht zu sein, keine finden. [...] Marinelli verkörpert die nega-

tivste Seite eines an politischen Klughcitslchrcn gcschulten Hofmanns, der unter Vorgabe,

5 alles für seinen Herrn unternehmen zu können, seine eigenen Ziele dreist ins Auge fasst.

Marinellis ursprünglicher Plan war darauf angelegt, Appiani von Emilia zu trennen und

dem Prinzen ein Treffen mit ihr zu ermöglichen (I,6). Er nutzt die Gunst der Stunde, da

der Prinz bereits von Anfang des Tages an höchst zerstreut ist und ihn andere Gedanken

als Machtausübung interessieren, zumal die Nachricht, die Heirat von Emilia finde am

10 gleichen Tag statt, ihn an den Rand er Verzweiflung bringt. Da der Affekt sich seiner be-

mächtigt, kann der Prinz nicht klar denken und begeht, indem er bewusst auf selbststän-

diges Denken verzichtet und Marinelli zu seinem mentalen Vormund macht, [einen Feh-

ler]: „Liebster, bester Marinelli, denken Sie für mich." (I,6) – ein schwerwiegender Fehler,

dessen Konsequenz dem Prinzen erst viel später (in IV,1) bewusst wird, als Marinelli prahlt,

15 er wäre „tätiger" als vereinbart gewesen. Was Marinelli nicht versäumt, ist sich die Voll-

macht für alle geplanten Schritte zu erschleichen und seine eigenen Absichten zu dissimu-

lieren [zu verbergen], da er nur das Gerüst seines Plans verrät und die Mittel, mit denen er

ans Ziel zu kommen gedenkt, verheimlicht. [...]

[V]on Anfang an spielt Marinelli mit dem Gedanken, dass der von ihm gehasste Appiani

20 beim Überfall auf die Hochzeitskutsche ums Leben kommen soll. [...]

M3   Magdalena Surowiec: **Der Kammerherr Marinelli (G. E. Lessing, *Emilia Galotti*)**

[...] Ist er [Marinelli] ein typischer Kammerherr?

Marinelli ist ein ständiger Begleiter des Prinzen, hat seine Leute (z. B. Angelo). Er macht das, was der Prinz ihm sagt, was der Prinz möchte. Er nimmt Gäste zur Audienz an, bringt sie wieder zur Tür. Marinelli berät seinen Herrn, aber er lenkt ihn zugleich, macht im Prin-
5 zip mehr, als nur bereitzustehen. [...]

Ihm ist wichtig, in der oberen Schicht zu leben – wichtiger als Glück und Liebe. Politik ist ihm bedeutender als Gefühle. Er strebt nach Macht, nach Reichtum, ist gefühlskalt. Seine Hofkarriere ist ihm wichtig und er nutzt den Prinzen für seine Interessen. Er scheut nicht davor, zu morden. Er plant alles selber, nutzt die Mechanismen des höfischen Lebens, in-
10 strumentalisiert andere Menschen. [...]

Der Prinz vertraut Marinelli nicht blind, es ist Zwangsvertrauen. Beide sind unaufrichtig. Dieses Vertrauen ist brüchig, es wird vorgespielt. Marinelli bemüht sich, beim Prinzen gut dazustehen, aber letztendlich geht es ihm um eigene Interessen und um seine Stellung am Hof, die von dem Prinzen abhängig ist. Aus diesem Grund unterwirft er sich ihm. Man
15 kann sagen, dass der Prinz und Marinelli sich gegenseitig ausnutzen. [...]

Als der Prinz vom Tode des Grafen erfährt, behauptet Marinelli, er habe den Mord nicht geplant: „Als ob sein Tod in meinem Plane gewesen wäre! Ich hatte es dem Angelo auf die Seele gebunden, zu verhüten, dass niemandem Leides geschähe" (IV,1). Marinelli zeigt sich gefühlskalt: „Der Tod des Grafen ist mir nichts weniger als gleichgültig. Ich hatte ihn
20 ausgefordert; er war mir Genugtuung schuldig, er ist ohne diese aus der Welt gegangen, und meine Ehre bleibt beleidiget" (IV,1).

Als Emilia tot ist, bittet er nicht um Verzeihung. Er leugnet seine Schuld und sieht, dass sein Plan gescheitert ist. Er ist fassungslos über seine Situation, kann nicht glauben, was passiert ist. [...] Dass Emilia bereit war, sich zu opfern, war nicht [vorherzusehen]. Marinel-
25 li stößt an die Grenzen seines Weltbildes (er hatte ein extrem rationales Verständnis von Welt und Menschen), ist vor allem enttäuscht über die missglückte Intrige.

M4   **Angestellte am Fürstenhof – Der Kammerherr Marinelli**

untersuchter Aspekt	Ergebnis zur Figur Marinelli
Amt	Kammerherr, persönlicher Diener
Ziele	Gunst des Prinzen, Karriere am Hof
Strategie	höfisches Kalkül: Verstellung und Verheimlichung
Umgangsformen	distanzlos; mangelnde Ernsthaftigkeit (höfische Lebensart)
Sprache	beleidigend, wortreich, emotional, ironisch, zynisch, sarkastisch

2 Lesen Sie die Materialien 2 und 3 nun gezielt. Sie können sich am Beispiel zu Material 1 orientieren (▶ S. 37 f.).
   – Markieren Sie farbig, welche Informationen zu welchen Untersuchungsaspekten gehören (▶ S. 37, Aufg. 1).
   – Nutzen Sie den Rand neben den Texten für Notizen (versteckte Informationen festhalten, Beziehungen zu anderen Materialien herstellen, Informationen mit eigenen Worten zusammenfassen).

3 Nehmen Sie nun die Auflistung in M4 in den Blick: Welche Elemente sind für die Problemstellung der Facharbeit relevant? Welche enthalten versteckte Informationen? Begründen Sie Ihre Einschätzung in Ihrer Kursmappe.

Info   Informationen filtern, strukturieren und vernetzen

Wenn Sie die relevanten Informationen in den Einzelmaterialien markiert und erschlossen haben, müssen diese mit Blick auf die Aufgabenstellung gefiltert, neu strukturiert und vernetzt werden. Die Gliederung Ihrer Facharbeit und die dort genannten Untersuchungsaspekte können Ihnen als Strukturierungshilfe dienen (▶ S. 17).

Dabei ist es wichtig, ...
- Einzelinformationen den gewählten **Untersuchungsaspekten zuzuordnen**,
- für das Schreibziel **überflüssige Informationen auszusortieren**,
- mehrfach vorkommende **Informationen zusammenzufassen**,
- **widersprüchliche Informationen zu markieren**.

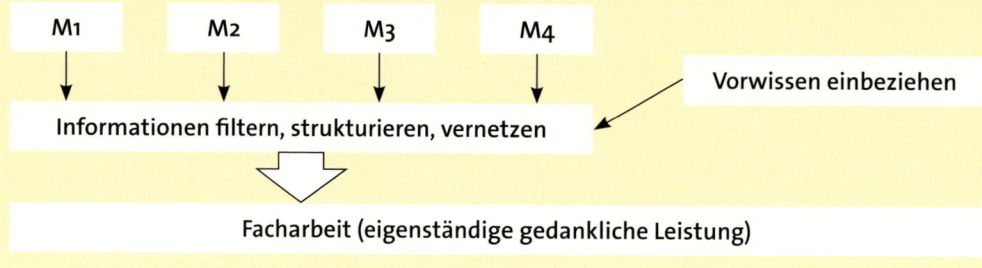

---

4 Ordnen Sie die Informationen aus den Materialien 1–4 in die folgende Tabelle ein.

	M1	M2	M3	M4
Figuren-charakteri-sierung	*instrumentalisiert andere; kaltherzig, skrupellos; hat Regeln am Hof verinnerlicht*			
Marinellis Intrige (z. B. Ziele, Strategie, Ausgang)	*Ziel: Hochzeit verhin-dern, Macht und Gunst des Prinzen gewinnen Strategie: eigene Schritte absichern, missliche Lage des Prinzen ausnutzen*			
Schuldfrage	*Opfer seines Umfelds?*			

5 Vergleichen Sie anhand der Tabelle die Informationen aus den verschiedenen Materialien genauer:
- Unterstreichen Sie identische bzw. ähnliche Informationen in der gleichen Farbe.
- Markieren Sie ergänzende Informationen, die nur in einem der Materialien vorkommen.

Info	Informationsüberschuss erkennen

In der Regel enthalten die zusammengetragenen Materialien einen Informationsüberschuss:

■ Das Material kann Informationen enthalten, die für die Problemstellung Ihrer Facharbeit **irrelevant** sind. Es ist Teil Ihrer Leistung, dies zu erkennen und nur relevante Informationen auszuwählen.

■ Oft enthalten verschiedene Materialien die gleichen Informationen. Hier kommt es darauf an, diese **Dopplungen** zu erkennen und zu markieren. Bei der Neustrukturierung und Vernetzung der Informationen (► Info, S. 40) müssen Sie diese dann zusammenfassen und verdichten.

6 Untersuchen Sie die beiden Auszüge aus M1 und M2 genauer. Markieren Sie mit unterschiedlichen Farben, welche Informationen sich doppeln und welche ergänzen. Notieren Sie Zeilenverweise in der Kommentarleiste.

M1	Eva Tüttelmann

Ist Marinelli ein kaltherziger, skrupelloser Höfling, der mit seiner Intrige Emilia und Appiani auseinander bringen will? An dieser Stelle muss festgehalten werden, dass, nachdem der Prinz Marinelli die Regie überträgt und ihn förmlich bittet, die Hochzeit abzuwenden, der Kammerherr sogleich alle möglichen Folgen und
5   notwendigen Schritte seinerseits absichert:
    MARINELLI: [...] Wollen Sie mir freie Hand lassen, Prinz? [...]
    DER PRINZ: Alles, Marinelli, alles, was diesen Streich abwenden kann. (EG I,6)
    Hieraus lässt sich schließen, dass Marinelli bereits zu Beginn seines Intrigenplans damit rechnet oder zumindest nicht ausschließt, dass seine Aktivitäten eventuell
10 ungewollte Unannehmlichkeiten nach sich ziehen könnten.

vgl. Grzesiuk, Z. 2ff.

M2	Ewa Grzesiuk

Marinellis ursprünglicher Plan war darauf angelegt, Appiani von Emilia zu trennen und dem Prinzen ein Treffen mit ihr zu ermöglichen (I,6). Er nutzt die Gunst der Stunde, da der Prinz bereits von Anfang des Tages an höchst zerstreut ist und ihn andere Gedanken als Machtausübung interessieren, zumal die Nachricht, die Heirat
5   von Emilia finde am gleichen Tag statt, ihn an den Rand der Verzweiflung bringt. Da der Affekt sich seiner bemächtigt, kann der Prinz nicht klar denken und begeht, indem er bewusst auf selbstständiges Denken verzichtet, [einen Fehler]: „Liebster, bester Marinelli, denken Sie für mich." (I,6) – ein schwerwiegender Fehler, dessen Konsequenz dem Prinzen erst viel später (in IV,1) bewusst wird, als Marinelli prahlt,
10 er wäre „tätiger" als vereinbart gewesen. Was Marinelli nicht versäumt, ist sich die Vollmacht für alle geplanten Schritte zu erschleichen und seine eigenen Absichten zu dissimulieren, da er nur das Gerüst seines Plans verrät und die Mittel, mit denen er ans Ziel zu kommen gedenkt, verheimlicht. [...] [V]on Anfang an spielt Marinelli mit dem Gedanken, dass der von ihm gehasste Appiani beim Überfall auf die Hoch-
15 zeitskutsche ums Leben kommen soll.

7 Untersuchen Sie das Schülerbeispiel mit Blick auf den Umgang mit doppelten und mit ergänzenden Aussagen unterschiedlicher Autoren. Unterstreichen Sie entsprechende Formulierungen in der jeweiligen Farbe.

Marinellis Ziel ist es in erster Linie, im Auftrag des Prinzen die Hochzeit Emilias mit dem Grafen Appiani zu verhindern. Sowohl Eva Tüttelmann als auch Ewa Grzesiuk zeigen die Handlungsunfähigkeit des Prinzen auf, der in seinen Gefühlen gefangen scheint. Beide betonen Marinellis Taktik, sich bereits im Vorfeld der Intrige alle Maßnahmen seitens des Prinzen genehmigen zu lassen. Grzesiuk verweist ferner darauf, dass der Prinz die Konsequenzen dieser Machtübergabe erst im Verlauf der Intrige erkenne. Darüber hinaus stellt sie Appianis Tod als Teil von Marinellis Plan heraus. Grzesiuk geht in diesem Punkt über die Ausführungen Tüttelmanns hinaus, welche lediglich „eventuell ungewollte Unannehmlichkeiten" (Tüttelmann 2007, S. 9) hervorhebt, die Marinelli befürchte.

4.2   Einen literarischen Text in die Untersuchung einbeziehen

Info   **Aktiv lesen**

Wenn Sie Ihre Materialien zur Facharbeit lesen, sollten Sie dies mit dem Stift in der Hand tun. Sie können
- **mit unterschiedlichen Symbolen und Zeichen markieren.** Unterstreichen Sie z. B. einfach, doppelt, gestrichelt, geschlängelt; umkreisen Sie einzelne Begriffe, streichen Sie Unwichtiges. Trennen Sie Sinnabschnitte durch Querlinien. Achtung: Sinnabschnitte müssen nicht mit Absätzen im Druck übereinstimmen!
- **verschiedene Farben** zur Unterscheidung einsetzen, z. B. für:
  - Textebenen (Thesen, Argumente, Textbelege, Darlegung von Fremdpositionen, Einleitung, Zusammenfassungen, Oberbegriffe usw.),
  - Angaben wie Namen, Jahres- und andere Zahlen usw.,
  - semantische, syntaktische und strukturelle Besonderheiten (Vergleiche, Metaphern, antithetische Konstruktionen, provokante Aussagen usw.).
- **Randnotizen** machen. Arbeiten Sie mit einem persönlichen System an Symbolen, Zeichen und Abkürzungen, z. B.:
  - Ausrufe-, Frage- , Plus- und Minuszeichen, Ziffern zur Kennzeichnung der Textgliederung:
    ? (Klärung notwendig), **+** (gute Idee, übernehmen), **()** (zitierbarer Text) …
  - Abkürzungen, z. B.: *vgl. Z. 13–15* (Verweis), *Lex.* (nachschlagen), *Th.* (These), *Arg.* (Argument), *Bsp.* (Beispiel), *Def.* (Definition), *I.* (Ironie), *Folg.* (Folgerung), *prov.* (provokant), *FA* (Fachausdruck) usw.
  Dabei sollten Sie sich immer **auf Ihre Leseabsicht (Untersuchungsaspekte der Facharbeit) konzentrieren.**
  Markieren Sie nicht zu viel, sonst verfehlen die Markierungen ihren Zweck als Hervorhebung.

1   Lesen Sie die Szene „Trüber Tag. Feld" (S. 43) aus *Faust I* aktiv (▶ Info). Konzentrieren Sie sich auf die Sprech- und Verhaltensweisen der Figuren, auf ihr Verhältnis zueinander und auf ihre Handlungsziele. Notieren Sie in der Kommentarleiste Erkenntnisse zu diesen Untersuchungsaspekten der Facharbeit. Orientieren Sie sich an den exemplarischen Markierungen und Randbemerkungen. Hilfestellung bietet der Wortspeicher über dem Text.

Info   **Johann Wolfgang Goethe: *Faust I* (1808) (Inhaltszusammenfassung)**

Faust, ein alternder Wissenschaftler, vermisst die tiefere Einsicht in die Zusammenhänge des Lebens und die Fähigkeit, das Leben zu genießen. Er verspricht dem Teufel – Mephisto – seine Seele, wenn dieser ihn von seiner Unzufriedenheit und Unruhe befreie. Mephisto verwandelt Faust in einen jungen Mann. In dieser Gestalt gelingt es Faust, das junge, gottesfürchtige Gretchen zu verführen. Unter Mephistos negativem Einfluss und mit dessen Hilfe richtet Faust das unschuldige Mädchen zu Grunde: Sie wird unehelich schwanger, verliert ihre Mutter und ihren Bruder, wird von Faust im Stich gelassen und tötet letztlich aus Verzweiflung ihr neugeborenes Kind.
In der Szene „Trüber Tag. Feld" gibt Faust Mephisto die Schuld an diesen Katastrophen und zwingt ihn, ihm bei der Befreiung Gretchens aus der Haft zu helfen. Diese lässt sich allerdings nicht von einer Flucht überzeugen, sondern vertraut sich der Gnade Gottes an. Mephisto reißt Faust weiter ins Leben.

Lithografie von Wilhelm Hensel (1835)
„Sie ist gerichtet! Ist gerettet!"

Sprachliche und formale Mittel: Ausrufe, Satzfetzen, Wortwiederholungen, kurzer Aussage-/Fragesatz, Fragekette, Zitat des Dialogpartners, bildreiche Sprache, drastische/anschauliche Wortwahl, großer/kleiner Redeanteil
Inhaltliche Aspekte / Strategien der Beeinflussung: nüchterne/zynische Reaktion, Vorwurf/Schuldzuweisung, Beleidigung, Drohung, Befehl, Unterstellung, Verdeutlichung der Mitschuld und Verantwortung Fausts / der Schwäche und Überheblichkeit der Menschen, Verweis auf die Grenzen von Mephistos Macht

Trüber Tag. Feld (aus: J. W. Goethe: Faust. Der Tragödie erster Teil)

Faust, Mephistopheles

FAUST: Im Elend! Verzweifelnd! Erbärmlich auf der Erde lange verirrt und nun gefangen! Als Missetäterin im Kerker zu entsetzlichen Qualen eingesperrt, das holde unselige Geschöpf! Bis dahin! dahin! – Verräterischer, nichtswürdiger Geist, und das hast du mir verheimlicht! – Steh nur, steh! Wälze die teuflischen Augen ingrimmend im Kopf herum!

5 Steh und trutze mir durch deine unerträgliche Gegenwart! Gefangen! Im unwiederbringlichen Elend! Bösen Geistern übergeben und der richtenden gefühllosen Menschheit! Und mich wiegst du indes in abgeschmackten Zerstreuungen, verbirgst mir ihren wachsenden Jammer und lässest sie hilflos verderben!

Ausrufe, Satzfetzen, Wortwiederholungen, drastische, anschauliche Wortwahl

großer Redeanteil

MEPHISTOPHELES: Sie ist die Erste nicht. ————————————————→

Vorwürfe / Schuldzuweisung

Beleidigungen

10 FAUST: Hund! abscheuliches Untier! – Wandle ihn, du unendlicher Geist!, wandle den Wurm wieder in seine Hundsgestalt, wie er sich oft nächtlicherweile gefiel, vor mir herzutrotten, dem harmlosen Wandrer vor die Füße zu kollern und sich dem niederstürzenden auf die Schultern zu hängen. Wandl' ihn wieder in seine Lieblingsbildung, dass er vor mir im Sand auf dem Bauch krieche, ich ihn mit Füßen trete, den Verworfnen! – Die Erste

15 nicht! – Jammer! Jammer!, von keiner Menschenseele zu fassen, dass mehr als *ein* Geschöpf in die Tiefe dieses Elendes versank, dass nicht das erste genug tat für die Schuld aller übrigen in seiner windenden Todesnot vor den Augen des ewig Verzeihenden! Mir wühlt es Mark und Leben durch, das Elend dieser Einzigen; du grinsest gelassen über das Schicksal von Tausenden hin!

20 MEPHISTOPHELES: Nun sind wir schon wieder an der Grenze unsres Witzes, da wo euch Menschen der Sinn überschnappt. Warum machst du Gemeinschaft mit uns, wenn du sie nicht durchführen kannst? Willst fliegen und bist vorm Schwindel nicht sicher? Drangen wir uns dir auf oder du dich uns?

FAUST: Fletsche deine gefräßigen Zähne mir nicht so entgegen! Mir ekelt's! – Großer, herr-

25 licher Geist, der du mir zu erscheinen würdigtest, der du mein Herz kennest und meine Seele, warum an den Schandgesellen mich schmieden, der sich am Schaden weidet und am Verderben sich letzt?

MEPHISTOPHELES: Endigst du?

FAUST: Rette sie! Oder weh dir! Den grässlichsten Fluch über dich auf Jahrtausende!

30 MEPHISTOPHELES: Ich kann die Bande des Rächers nicht lösen, seine Riegel nicht öffnen. – Rette sie! – Wer war's, der sie ins Verderben stürzte? Ich oder du?

Faust blickt wild umher.

Greifst du nach dem Donner? Wohl, dass er euch elenden Sterblichen nicht gegeben ward! Den unschuldig Entgegnenden zu zerschmettern, das ist so Tyrannenart, sich in Verlegen-

35 heiten Luft zu machen.

FAUST: Bringe mich hin! Sie soll frei sein!

MEPHISTOPHELES: Und die Gefahr, der du dich aussetzest? Wisse, noch liegt auf der Stadt Blutschuld von deiner Hand. Über des Erschlagenen Stätte schweben rächende Geister und lauern auf den wiederkehrenden Mörder.

40 FAUST: Noch das von dir? Mord und Tod einer Welt über dich Ungeheuer! Führe mich hin, sag ich, und befrei sie.

MEPHISTOPHELES: Ich führe dich, und was ich tun kann, höre! Habe ich alle Macht im Himmel und auf Erden? Des Türners Sinne will ich umnebeln, bemächtige dich der Schlüssel und führe sie heraus mit Menschenhand! Ich wache!, die Zauberpferde sind

45 bereit, ich entführe euch. Das vermag ich.

FAUST: Auf und davon!

2 Untersuchen Sie den folgenden Anfang einer Szenenanalyse.

    a Untersuchen Sie den Aufbau des Textes, indem Sie ihm die folgenden Elemente in der linken Spalte zuordnen: Einordnung der Szene in das Drama, Struktur der Szene, Thema, Interpretationsthese, aspektorientierte Analyse (z. B. dramatische und sprachliche Mittel und deren Wirkung).

    b Untersuchen Sie den Umgang mit Textbelegen: Wie werden sie in die Analyse integriert? Welche Funktion übernehmen sie? Notieren Sie Ihre Beobachtungen in der rechten Spalte.

    c Unterstreichen Sie im Text Formulierungsbausteine, mit denen die in der Dramenszene verwendeten sprachlichen Mittel und ihre Funktion benannt werden. Ein Beispiel ist vorgegeben.

Aufbau	Anfang einer Szenenanalyse „Trüber Tag. Feld" (*Faust I*)	Zitierweise
	Wer trägt Schuld am tragischen Ausgang der teuflischen Intrige? Nachdem Faust von Gretchens Schicksal, ihrer Gefangenschaft und anstehenden Hinrichtung, erfahren hat, kommen die beiden Bündnispartner zu einer unterschiedlichen Einschätzung der Schuldfrage (vgl. Szene „Trüber Tag. Feld").	
	Faust dominiert den ersten Teil des Gesprächs. Er wirft Mephisto vor, ihn auf dem Blocksberg gezielt mit „abgeschmackten Zerstreuungen" (ebd., Z. 7) abgelenkt und Gretchen ihrem Schicksal überlassen zu haben. Er ist entsetzt über die Ereignisse, malt sich Gretchens Lage mit drastischen Worten aus: „Als Missetäterin im Kerker zu entsetzlichen Qualen eingesperrt [...]" (ebd., Z. 2).	
	Im Gegensatz zur Versform der anderen Szenen im Drama <u>ist</u> die Szene „Trüber Tag. Feld" <u>in Prosa verfasst</u>. Durch diesen Kontrast wird auf inhaltlicher Ebene die Wucht der Emotionen besonders betont, die über Faust hereinbrechen. Faust springt von einem Ausruf zum nächsten. Die Wiederholungen von Wörtern und kurze Redeunterbrechungen (Gedankenstriche) unterstreichen seine Erschütterung. Außer sich vor Wut und Bestürzung, beleidigt er Mephisto mit den heftigsten Ausdrücken: „Hund! Abscheuliches Untier" (Z. 10).	
	Auffällig ist jedoch auch, dass er Gretchen nie beim Namen nennt, seine Liebe zu ihr nicht thematisiert. Seine Versuche, jegliche persönliche Schuld an ihrem Schicksal und dem Tod des Kindes von sich zu weisen, dominieren seinen Gefühlsausbruch.	
	Im deutlichen Kontrast zu Fausts Emotionalität stehen Mephistos Gefühlskälte und Zynismus. ...	

3 Notieren Sie in Ihrer Kursmappe: Wie können Sie das Gelernte (Aufbau einer Szenenanalyse, Umgang mit Textbelegen, Beschreibung sprachlicher Mittel und deren Wirkung) auf Ihr eigenes Facharbeitsthema anwenden?

4.3 Einem Sachtext Informationen entnehmen und diese nutzen

1 Lesen Sie den Textauszug aktiv (▶ Info, S. 42). Konzentrieren Sie sich auf die für die Untersuchungsaspekte der Facharbeit relevanten Informationen: Charakterisierung Mephistos, seine Intrige und die Schuldfrage. Notieren Sie am Rand stichwortartig entsprechende Fragen und Erkenntnisse. Einige Notizen sind exemplarisch vorgegeben.

Jana Maier: **Fausts Prozess des Schuldigwerdens** (2016)

Faust ist sich seiner Schuld schon zu Beginn der Gretchen-Tragödie bewusst. So ergreifen ihn bereits die ersten Gewissensbisse, als er sich gemeinsam mit Mephisto heimlich Zugang zu Gretchens Zimmer verschafft: „Fort! Fort! Ich kehre nimmermehr!" (V. 2730) Trotz seiner Skrupel hinterlässt Faust – ==von Mephisto angetrie-==

5 ==ben== – ein Schmuckkästchen als Geschenk für Gretchen: „Ich weiß nicht, soll ich?" (V. 2738) Diese Handlung steht symbolisch für den weiteren Handlungsverlauf: Faust weiß um die Unredlichkeit seines Vorhabens, möchte Gretchens schicksalhafte Verführung verhindern. Mephisto stachelt Faust jedoch immer wieder erfolgreich dazu an, seinem sinnlichen Verlangen zu folgen.

10 Besonders offensichtlich wird dies in der Szene *Wald und Höhle*. Faust flieht, um Gretchen vor seiner Begierde zu schützen. Mephisto entlarvt Fausts Gewissensqual mit spöttischen Worten als Selbsttäuschung und appelliert an dessen sinnliche Triebe, wogegen Faust aufbegehrt: „Verruchter! hebe dich von hinnen / Und nenne nicht das schöne Weib! / Bring die Begier zu ihrem süßen Leib / Nicht wieder vor

15 die halb verrückten Sinnen!" (V. 3326 ff.) Letztlich bricht Fausts Widerstand jedoch zusammen. Er rechtfertigt sich mit der Unlösbarkeit seines Strebens: „Bin ich der Flüchtling nicht? der Unbehauste? / Der Unmensch ohne Zweck und Ruh, / Der wie ein Wassersturz von Fels zu Felsen brauste, / Begierig wütend, nach dem Abgrund zu?" (V. 3348 ff.) Faust versucht in diesem Augenblick, jegliche Verantwor-

20 tung von sich zu weisen, und nimmt zugleich Gretchens Schicksal bewusst in Kauf: „Du, Hölle, musstest dieses Opfer haben! / [...] / Mag ihr Geschick auf mich zusammenstürzen / Und sie mit mir zugrunde gehn!" (V. 3361 ff.)
Dieser Moment stellt einen Wendepunkt in Fausts moralischer Entwicklung dar. Mephistos Strategie scheint erfolgreich zu sein: Obwohl sich Faust „des rechten

25 Weges wohl bewusst" (V. 329) ist, entscheidet er sich für die Rückkehr zu Gretchen. Unter dem Einfluss Mephistos verführt er sie und verabreicht ihrer Mutter einen tödlichen Schlaftrunk, um nicht entdeckt zu werden. Auch die Tötung von Valentin, Gretchens Bruder, begeht Faust mit Mephistos Hilfe. Auf der Flucht vor der Polizei lässt er Gretchen schwanger zurück.

30 Faust macht sich – trotz moralischer Bedenken – schuldig. Mephistos sinnliches Ablenkungsmanöver in der Walpurgisnacht bewirkt allerdings nicht, dass Fausts Erinnerungen an Gretchen und seine Gewissensbisse verblassen. Als er von ihrer Verhaftung und Einkerkerung erfährt, ist er entsetzt und lastet jegliche Schuld Mephisto an: „Und mich wiegst du indes in abgeschmackten Zerstreuungen, ver-

35 birgst mir ihren wachsenden Jammer und lässest sie hülflos verderben!" (Trüber Tag. Feld) Er verwünscht seinen Bündnispartner und fordert Gretchens Befreiung: „Mord und Tod einer Welt über dich Ungeheuer! Führe mich hin, sag ich, und befrei sie!" (Trüber Tag. Feld) Die Liebeserfahrung ermöglicht dem rationalen Wissenschaftler, am Schicksal eines anderen Menschen emotional teilzuhaben. Zugleich

40 bekennt er sich jedoch nicht zu seiner Mitschuld an dessen Schicksal, auf die ihn Mephisto zynisch verweist. Faust kehrt mit dem Wunsch in die Stadt zurück, Gretchen aus dem Kerker zu befreien.
Gretchen verweigert jedoch ihre Befreiung und übergibt sich in die Hand eines richtenden Gottes. Fausts Erschütterung ist gänzlich: „O wär ich nie geboren!"

45 (V. 4596) Seine Flucht vom Kerker beweist allerdings, dass sein Streben weiterhin Bestand hat.

Stationen des Schuldigwerdens von Faust:
← *1 (innerer Kampf)*

← *2 (Geschenk: Schmuck)*

Th.: Schuldfrage

2 Untersuchen Sie die drei folgenden Schreibentwürfe mit Blick auf die Übernahme und Weiterverarbeitung
von Informationen aus dem Sachtext auf S. 45.

   a   Wie werden die Aussagen der Autorin jeweils in den eigenen Text integriert? Unterstreichen Sie entsprechende
       Formulierungen und beschreiben Sie die Vorgehensweis in der Kommentarleiste.

   b   Welche Funktion übernehmen die Fremdaussagen im Schülertext? Notieren Sie Ihre Beobachtungen.

   c   Wie werden die Darlegungen der Autorin weiterverarbeitet? Markieren Sie entsprechende Textstellen und
       notieren Sie Ihre kritische Einschätzung der Weiterverarbeitung.

1. Schreibentwurf	Anmerkungen
Wer trägt Schuld am Schicksal Gretchens?	
Faust ist sich der <u>Unredlichkeit seines Vorhabens</u>, der Verführung Gretchens, von Anfang an bewusst. Er wird jedoch immer wieder von Mephisto erfolgreich dazu angestachelt. So überzeugt Mephisto ihn, ein Schmuck-kästchen als Geschenk für Gretchen in deren Zimmer zu hinterlassen, um diese für sich zu gewinnen. Faust flieht, um Gretchen vor seiner Begierde zu schützen. Letztlich gelingt es Mephisto jedoch, „Fausts Gewissensqual" (Z. 11) spöttisch als bloße Selbsttäuschung zu entlarven und ihn zur Rückkehr und Verführung Gretchens zu bewegen. Dieser „Wendepunkt in Fausts moralischer Entwicklung" (Z. 23) spricht für den Erfolg der Strategie Mephistos.	*Übernahme von Fremdaussagen (sehr nah am Text) ohne …*

Funktion der Fremdaussagen im Schülertext: _____

_____

_____

Weiterverarbeitung: _____

_____

_____

2. Schreibentwurf	Anmerkungen
In Bezug auf die Frage, wer Schuld an Gretchens Schicksal trägt, stellt Jana Maier heraus, dass Faust von Beginn an damit hadere, Gretchen zu verführen. Mephisto stifte Faust allerdings immer wieder dazu an, seiner sinnlichen Begierde zu folgen (vgl. Z. 7 f.). So überzeuge Mephisto Faust, ein Schmuck-kästchen als Geschenk für Gretchen in ihrem Zimmer zu hinterlassen, um sie für sich zu gewinnen (vgl. Z. 4 f.). Fausts Flucht (vgl. Szene „Wald und Höhle") deutet Maier als dessen Wunsch, „Gretchen vor seiner Begierde zu schützen" (Z. 11). Aber auch hier gelinge es Mephisto, mit lockenden und „spöttischen Worten" (Z. 12) die moralischen Bedenken Fausts zu überwinden und diesen zur Rückkehr zu bewegen. Nach Ansicht Maiers liegt hier ein „Wendepunkt in Fausts moralischer Entwicklung" (Z. 23), welcher für den Erfolg der Strategie Mephistos spreche.	

Funktion der Fremdaussagen im Schülertext: _____

_____

_____

Weiterverarbeitung: _____

_____

_____

_____

3. Schreibentwurf	Anmerkungen
In Bezug auf die Frage, wer Schuld an Gretchens Schicksal trägt, stellt Jana Maier die folgende These auf: Faust habe von Beginn an moralische Skrupel, Gretchen zu verführen (vgl. Z. 4 f.). Mephisto stifte Faust allerdings immer wieder dazu an, seiner sinnlichen Begierde zu folgen. Maier zeigt in ihrer Analyse die Stationen des Schuldigwerdens Fausts auf. Zugleich verdeutlicht sie den Einfluss Mephistos auf diese Entwicklung. *So überzeuge Mephisto Faust, ein Schmuckkästchen als Geschenk für Gretchen in ihrem Zimmer zu hinterlassen, um sie für sich zu gewinnen (vgl. Z. 4 f.). In einem weiteren Schritt versuche Faust, die „schicksalhafte Verführung [zu] verhindern" (Z. 7 f.), indem er von Gretchen fliehe (vgl. Szene „Wald und Höhle"). Aber auch hier gelinge es Mephisto, mit lockenden und „spöttischen Worten" (Z. 12) die Zweifel Fausts zu überwinden und diesen zur Rückkehr zu bewegen. Nach Ansicht Maiers liegt hier der „Wendepunkt in Fausts mo-ralischer Entwicklung" (Z. 23), der als ein Erfolg der Strategie Mephistos – des Geists der Zerstörung – aufgefasst werden könne. Auch Ralf Sudau stellt fest, dass Faust in diesem Augenblick „finster entschlossen [sei], den Weg der Zerstörung bis zu Ende zu gehen" (S. 85): „Was muss geschehn, mag's gleich geschehn!" (V. 3363). Die moralischen Bedenken Fausts münden also nicht in ein angemessenes, verantwortliches Handeln, sondern ...*	

Funktion der Fremdaussagen im Schülertext: _____

_____

_____

Weiterverarbeitung: _____

_____

_____

_____

4.4 Ein eigenes Interview auswerten und zu anderen Informationen in Beziehung setzen

Info **Ein Interview auswerten**

Haben Sie ein Interview zu Ihrem Thema geführt, erfolgt die Aufbereitung und Auswertung. Wenn Sie das Gesagte (sinnvollerweise) aufgenommen haben, **transkribieren** Sie zunächst die Aufnahme, d. h., Sie halten sie schriftlich fest. Dabei können Sie bereinigend vorgehen, indem Sie Fehler in Grammatik, Satzbau und Ausdruck korrigieren, Füllwörter und inhaltliche Redundanz beseitigen usw. Sie können diese „Mängel" des mündlichen Sprachgebrauchs aber auch zum Gegenstand Ihrer Untersuchung machen und sie deshalb mit transkribieren. Treffen Sie Ihre Entscheidung mit Blick auf Ihre Ziele bei der Untersuchung.
Unter dem gleichen Aspekt, was für Ihr Thema von Belang ist, entscheiden Sie dann, ob Sie das komplette Interview oder Auszüge untersuchen wollen. Letzteres ist meist sinnvoller. Wählen Sie die Auszüge mit Blick auf deren Ergiebigkeit für Ihre Fragestellung.

1 Im Anschluss an ein Fußballspiel führen Sie ein Interview mit einem Amateurspieler, um die Bildlichkeit des Sprechens über Fußball zu untersuchen. Ihr Hauptaugenmerk gilt den verwendeten Bildbereichen, also der Frage, welche fußballfremden Bedeutungsfelder zur Beschreibung des Spielgeschehens verwendet werden. Unterstreichen Sie im Interview alle Stellen, an denen metaphorisch gesprochen wird. Einige Beispiele sind bereits unterstrichen.

INTERVIEWER: Schildern Sie das Spiel heute doch mal aus Ihrer Sicht.
SPIELER: Es ging eigentlich ganz gut los. Wir sind gut <u>ins Spiel reingekommen</u>, haben <u>die Außen gut besetzt</u>, im-
5 mer wieder unsere <u>Doppelspitze</u> gesucht. Da war noch alles <u>eitel Sonnenschein</u>. Irgendwann gab es dann <u>einen Bruch</u>, vielleicht, als Kai <u>runtergeflogen</u> ist. Danach lief es dann nicht mehr wirklich, die haben immer mehr gedrückt, die einfachsten Pässe haben nicht mehr geklappt
10 bei uns, wir sind denen nur hinterhergelaufen. Manche von uns haben dann vielleicht auch nicht mehr mit letztem Einsatz gespielt. Nach dem 0:1 haben wir dann völlig den Faden verloren, da ging gar nichts mehr. Wir haben versucht, alles auf eine Karte zu setzen, haben nur noch
15 nach vorne gespielt und hoch gepokert, sodass dann im Gegenstoß das 0:2 fiel. Da haben die Vorderleute unseren Torwart auch ganz schön im Regen stehen lassen.

FRAGE: Und der Platzverweis – der war also spielentscheidend? Wie kam es dazu?
SPIELER: Das hat sich schon vorher immer mehr hochge- 20 schaukelt, der Gegner hat sich ja anfangs am eigenen Strafraum verbarrikadiert, und wir haben immer wieder versucht, hinter die Abwehrlinien, hinter die Viererkette zu kommen und in den Strafraum einzufallen. Dadurch gab es dann sehr intensive Zweikämpfe, viel Fore- 25 checking von uns, da hat sich schon angedeutet, dass es irgendwann donnern wird, und dann knallt es dann halt schon mal. Der Abwehrspieler hat aber auch ganz schön den sterbenden Schwan markiert.
FRAGE: Wie enttäuscht sind Sie nach dieser Niederlage? 30
SPIELER: Naja, was heißt enttäuscht, das war ja ein starker Gegner, die sind ja kein Kanonenfutter. Auf Regen folgt Sonnenschein, nächste Woche geht's weiter, da werden die Karten neu gemischt.

2 Der Germanist Armin Burkhardt hat die Fußballsprache wissenschaftlich untersucht und die Ergebnisse in seinem Wörterbuch der Fußballsprache (2006) veröffentlicht. Lesen Sie folgenden Auszug aus einem Interview mit ihm.

Ines Gollnick: **Von Pillen und Granaten – Ein spielkundiger Linguist erklärt die Fußballsprache** (2010, Auszug)

GOLLNICK: Was charakterisiert die Fußballsprache?
BURKHARDT: Die Sportsprache generell ist sehr bildhaft. Beim Fußball ist sie in dieser Richtung am weitesten entwickelt, weil gerade diese Sportart sehr stark in der
5 Öffentlichkeit steht. Es wird viel mehr darüber geredet. Und auch das Spielgeschehen kann sehr unterschiedlich sein. Dafür braucht man sehr viele Wörter.
GOLLNICK: Es gibt einen Hang zu Kriegsmetaphern – warum?

BURKHARDT: Die finden viele nicht so besonders schön, 10 was ich gut nachvollziehen kann. Manche sind auch übertrieben, wenn man eben von Granaten und vom Bomber der Nation spricht. Auf der anderen Seite hat das damit zu tun, dass sich beim Fußball wie in vielen anderen Mannschaftssportarten immer zwei Parteien 15 gegenüberstehen und mit „zivilisierter Gewalt" bekämpfen. Das macht Kriegsmetaphern besonders geeignet. Außerdem spielt Kraft eine große Rolle.

GOLLNICK: Es gibt auch weniger kriegerische Wörter, die nicht sofort an Fußball erinnern: Schwalbe, Regisseur, Fliegenfänger. Ist Fußballsprache prädestiniert[1] für Metaphern?

BURKHARDT: Das sieht man allein an der bloßen Zahl der Metaphern. Reporter, gerade im Radio, können sehr kreativ sein. Der Jargon ist auch immer einfallsreich und zieht Analogien und setzt sie in Metaphern um. Der Fußball hat sich im Laufe der Zeit auch gewandelt. Für neue Techniken und Spielsituationen brauchte man neue Bezeichnungen. Wenn ein Spieler plötzlich anfängt, technisch anders zu spielen, ein ballführender Spieler im Zweikampf eine andere als die geplante Laufrichtung vortäuscht, entstehen Bezeichnungen wie *Übersteiger*.

---

1 prädestiniert für: besonders geeignet für

3 Stellen Sie sich vor, Sie hätten das Interview mit Burkhardt selbst geführt. Fertigen Sie Gesprächsnotizen an, in denen Sie seine wichtigsten Aussagen in Stichpunkten zusammenfassen. Ergänzen Sie die folgenden Notizen:

– *Sportsprache generell bildhaft; bei Fußballsprache weit entwickelt, weil alle darüber reden; Spielgeschehen vielfältig →*

– *Kriegsmetaphern finden viele abschreckend, doch*

– *Wandel der Spieltechnik →*

4 Untersuchen Sie das Spielerinterview (► Aufg. 1) mit Blick auf Burkhardts Aussagen.
   a Markieren Sie alle Beispiele für sprachliche Bilder aus dem Bereich „Krieg" in einer Farbe.
   b Markieren Sie in einer anderen Farbe Metaphern, die Burkhardts These veranschaulichen, dass für „neue Techniken und Spielsituationen [...] neue Bezeichnungen" (Z. 27 f.) gebraucht werden.

5 Welche anderen Bildbereiche kommen im Spielerinterview (► Aufg. 1) mehrfach vor?
   a Vervollständigen Sie die folgende Tabelle:

Bildbereich	Metaphern
Glücksspiel	*mit letztem Einsatz gespielt …*
…	*eitel Sonnenschein, im Regen stehen gelassen …*

   b Welche Sicht auf das Spielgeschehen will der Spieler mit der Wahl und Verwendung dieser beiden Bildbereiche bewusst oder unbewusst vermitteln? Notieren Sie Stichworte.

– *Verwendung des Bildfeldes „Glücksspiel":*

– *Verwendung von Metaphern aus dem Bereich*

6 Formulieren Sie Ihre Beobachtung als Fazit:

Der Interviewauszug belegt Buckhardts Thesen: _____

_____

_____

_____

Zudem legt die Verwendung des Bildfeldes „ _____ *" nahe, dass* _____

_____

_____

Schließlich lässt der Gebrauch von Metaphern aus dem Bildbereich „ _____ *" darauf schließen,*

dass _____

Tipp   Zitieren und Paraphrasieren

Denken Sie daran, die Mitschrift Ihres Interviews **autorisieren** zu lassen, d. h., das Einverständnis der/des Interviewten zur weiteren Verwendung einzuholen.

Hier zur Erinnerung noch einmal die wichtigsten Regeln für das Wiedergeben von Interviewpassagen:

- **Wörtliche Zitate** stehen in Anführungszeichen. Auslassungen innerhalb des Zitats kennzeichnen Sie durch *[...]*, ebenso von Ihnen eingeschobene erklärende Einfügungen, z. B.: *wie [der Trainer] es von uns verlangt.* Nach dem Zitat folgt die Zeilenzahl in Klammern: *(Z. 12 f.)* meint die Zeilen 12 und 13, *(Z. 12 ff.)* meint Zeile 12 und die darauf folgenden Zeilen.
- **Paraphrasen** (Wiedergabe einer Passage mit eigenen Worten) verwenden Sie, wenn der Wortlaut für den Zweck Ihrer Untersuchung nicht entscheidend ist. Verwenden Sie die indirekte Rede, z. B.: *Wenn X behauptet, seine Mannschaft <u>habe</u> nach dem Platzverweis spielerisch nachgelassen, dann verwendet er dazu ein sprachliches Bild.* Nach der Paraphrase steht ein Textverweis mit dem Kürzel für „vergleiche": *(vgl. Z. 12 ff.)*

---

7 Formulieren Sie die wörtlichen Aussagen Burkhardts in der indirekten Rede:

a   „Die Sportsprache generell ist sehr bildhaft." (Z. 2 f.)

Burkhardt stellt fest, die Sportsprache _____

b   „Die finden viele nicht so besonders schön."(Z. 10 f.)

Er räumt ein, _____

c   „Und auch das Spielgeschehen kann sehr unterschiedlich sein. Dafür braucht man sehr viele Wörter."(Z. 6 f.)

Ein weiterer Grund für die komplexe Metaphorik im Fußball sei, dass _____

_____

8 Überlegen Sie abschließend, welche der in diesem Kapitel behandelten Aspekte zur Verwendung von Interviews Sie in Ihrer Arbeit nutzen können. Schreiben Sie in Ihre Kursmappe.
- Welche Art von Interview wollen Sie führen? Mit wem?
- Welche dieser Interviews sollten Sie transkribieren? Warum? Bei welchen reichen Gesprächsnotizen aus?
- Mit welchen Zielen werten Sie die Interviews aus? Wozu dienen sie im Kontext Ihrer Arbeit?

4.5   Eine eigene Umfrage auswerten

Eine Umfrage auswerten

Die Ergebnisse einer Umfrage (▶ S. 35) müssen Sie zunächst erfassen und so aufbereiten, dass Sie sie dann auswerten und Schlüsse daraus ziehen können.
Prüfen Sie dabei folgende Aspekte:

- Ist die **Zielsetzung** Ihrer Umfrage (Was genau wollte ich herausfinden?) auch im Rückblick immer deutlich?
- Hat Ihre Umfrage hinsichtlich dieser Zielsetzung plausible, für Leser/innen nachvollziehbare **Ergebnisse** erbracht? Tragen die Ergebnisse der Umfrage wirklich wichtige Erkenntnisse zu Ihrer Arbeit bei?
- In welcher Form können Sie die Ergebnisse **klar** (d. h. nicht zu komplex und dadurch unübersichtlich) und dennoch **differenziert** (d. h. nicht unzulässig vereinfachend) **zusammenfassen** und für die Leser/innen Ihrer Arbeit **visualisieren** (▶ S. 53)?

Bei einer **Umfrage mit offenen Fragen** ist die Auswertung besonders anspruchsvoll, da Sie das Gesagte inhaltlich zunächst ordnen müssen. Hierbei ist es notwendig, dass Sie
- individuelle Aussagen verschiedenen Positionen zuordnen,
- Gemeinsamkeiten und Unterschiede erkennen,
- zusammenfassende Aussagen formulieren.

1 Nutzen Sie den folgenden Bogen zur Auswertung einer Befragung mit offenen Fragen.
Wählen Sie die für Ihre Art von Umfrage sinnvollen Aspekte aus der Tabelle aus.
Kopieren Sie den Bogen vorab, um ihn für mehrere Umfragen nutzen zu können.

Auswertungsbogen zur Umfrage:	
Arbeitsschritte	**Analyseergebnisse**
I. Welchen **Aspekt des Problems / der Fragestellung** rückten die Befragten in den Vordergrund?	1. _____ 2. _____ 3. _____ 4. _____ 5. _____
II. In welchen bisher von mir recherchierten Quellen finde ich **Hintergrundwissen** oder **Erörterungen** zu diesen Aspekten?	**Kurztitel und relevante Seiten:** *Quelle 1:* _____ , S. ___ *Quelle 2:* _____ , S. ___ *Quelle 3:* _____ , S. ___ *Quelle 4:* _____ , S. ___
III. Welche **Gemeinsamkeiten** lassen sich in den Antworten erkennen?	1. _____ 2. _____ 3. _____ 4. _____ 5. _____

Auswertungsbogen zur Umfrage:

Arbeitsschritte	Analyseergebnisse
IV. Welche Sichtweisen **weichen** stark von-einander **ab?**	1. _____ $\longleftrightarrow$ _____ 2. _____ $\longleftrightarrow$ _____ 3. _____ $\longleftrightarrow$ _____
V. Wie kann man die **wesentlichen Ergebnisse** der Analyse (I.–IV.) zusammenfassen?	**Größte Gemeinsamkeiten:** _____ _____ _____ _____ _____ **Größte Unterschiede:** _____ _____ _____ _____
VI. Welche **prozentualen Verteilungen** der Aussagen ergeben sich?	**Problemstellung 1:** Position a: _____ = _____ % Position b: _____ = _____ % **Problemstellung 2:** Position a: _____ = _____ % Position b: _____ = _____ % **Problemstellung 3:** Position a: _____ = _____ % Position b: _____ = _____ % **Problemstellung 4:** Position a: _____ = _____ % Position b: _____ = _____ % **Problemstellung 5:** Position a: _____ = _____ % Position b: _____ = _____ %

4.6 Ergebnisse visualisieren

Info | **Informationen visualisieren**

Eine **Visualisierung** von Sachverhalten und Daten hilft der/dem Lesenden, schnell Ihre Arbeitsergebnisse zu erfassen, und lockert zudem Ihre Arbeit optisch auf. Bei der Entscheidung, welche Art von Grafik oder Diagramm sich jeweils am besten eignet, können die folgenden W-Fragen helfen:

■ **Wer?/Was?** Sie können ein **Strukturdiagramm** nutzen, um z. B. die Figurenkonstellation in einem Roman oder Drama zu visualisieren. Anders als beim **Flussdiagramm** (s. u.) wird hier weniger der Verlauf eines Prozesses dargestellt, sondern eher ein Gesamtbild wiedergegeben. Sie können mit Symbolen arbeiten und inhaltliche Zusammenhänge durch Rahmen und Blöcke verdeutlichen.

Strukturdiagramm
(z. B. Figurenkonstellation)

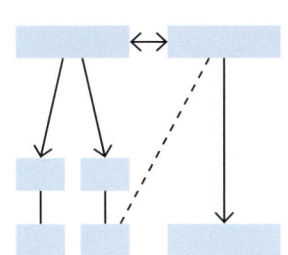

Flussdiagramm

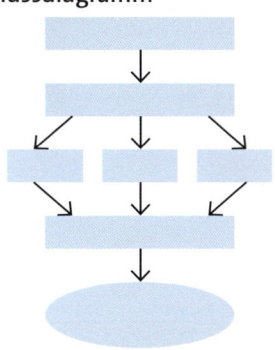

■ **Wie viel/e?** Zur Visualisierung von Zahlen und Größenvergleichen eignen sich **Säulen-, Balken-** und **Kreisdiagramme.**

Säulendiagramm

Balkendiagramm

Kreisdiagramm

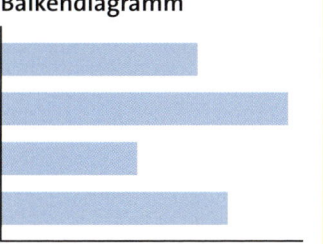
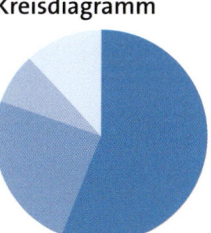

■ **Wann?** Zeitliche Abfolgen und Veränderungen werden durch **Kurvendiagramme** oder durch **Zeitleisten** dargestellt, wie Sie sie aus dem Geschichtsunterricht kennen.

Kurvendiagramm

Zeitleiste

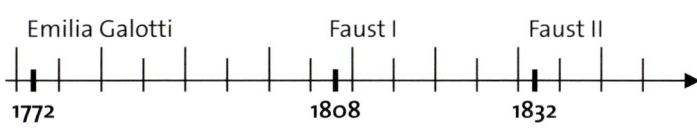

■ **Wo?** Hier kommen nicht nur einfache **Landkarten,** sondern auch **Zuordnungen von Daten zu Orten** und **Skizzen** (z. B. eines Bühnenbildes) zum Einsatz.

■ **Wie?** Stehen logische Abläufe und Schrittfolgen im Mittelpunkt, sollten Sie ein **Flussdiagramm** verwenden.

■ **Warum?** Zur Erklärung von Zusammenhängen dienen **Cluster** und **Mindmap.**

Cluster

Mindmap

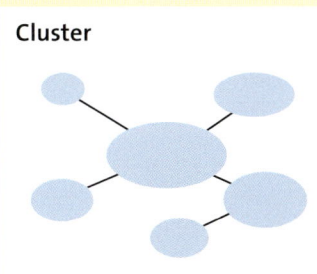
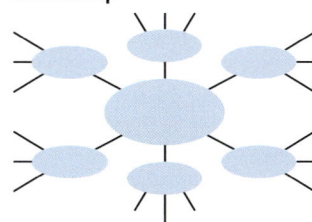

1 Wählen Sie für die folgenden drei Beispiele jeweils eine geeignete Visualisierungsform (▶ S. 53) und begründen Sie Ihre Wahl. Erstellen Sie mit Hilfe eines Textverarbeitungsprogramms jeweils eine Grafik.

A Zur Analyse einer *Faust*-Verfilmung haben Sie die Anzahl der Schnitte pro Minute (jeweils Durchschnitt für zehn Minuten) über die gesamte Dauer des Films hinweg erfasst. Die tabellarische Darstellung finden Sie nicht anschaulich genug.

Filmminuten	Anzahl der Schnitte pro Minute
1–10	11,3
11–20	16,7
21–30	15,9
31–40	17,1
41–50	25,2
51–60	29,2
61–70	31,6
71–80	17,4

Sunnyi Melles und Helmut Griem in
„Faust – Vom Himmel durch die Welt zur Hölle" (Dieter Dorn, 1988)

Zur Darstellung wähle ich ein _____ *, denn* _____

_____

B Sie wollen die Beziehungen der zentralen Figuren zueinander in Goethes *Faust I* visualisieren.

Faust begehrt und korrumpiert Gretchen. Er wird von Mephisto manipuliert.
Mephisto korrumpiert Faust und Gretchen moralisch.
Gretchen verliebt sich in Faust. Sie misstraut Mephisto.

Zur Darstellung wähle ich ein _____ *, denn* _____

_____

C Sie haben gezählt, wie oft Ihre Testgruppe in einem Gespräch über ein Fußballspiel verschiedene Arten von Metaphern verwendet hat.

Verschiedene Bildfelder	Häufigkeit der Verwendung im aufgezeichneten Gespräch
Metaphern aus dem Bildbereich „Krieg"	11
Metaphern aus dem Bildbereich „Wetter"	2
Metaphern aus dem Bildbereich „Glücksspiel"	4

Zur Darstellung wähle ich ein _____ *, denn* _____

_____

2 Wählen Sie für die Visualisierung der von Ihnen für Ihre eigene Arbeit gesammelten Materialien nun geeignete Darstellungsformen. Begründen Sie Ihre (jeweilige) Wahl in Ihrem Kursheft.

Tipp **Textverarbeitungsprogramme zur Visualisierung nutzen**

Die geläufigen Textverarbeitungsprogramme stellen Ihnen Möglichkeiten zur Verfügung, **Diagramme** in Ihren Text einzubauen. **Freeware-Programme** bieten vielfältigere und differenziertere Möglichkeiten.

5.1 Die Einleitung schreiben

Info   **Inhalt der Einleitung**

Die **Einleitung** Ihrer Facharbeit führt die Leser/innen zum Thema hin und legt die Konzeption der Arbeit dar. Sie weckt eine Erwartungshaltung an Ihren Text, der Sie gerecht werden müssen. In der Einleitung sollten Sie
- die zentrale **Fragestellung** und das **Ziel** Ihrer Arbeit erläutern (und dabei das Thema eingrenzen),
- Ihre **Materialgrundlage** darlegen,
- Ihr **methodisches Vorgehen** erläutern.

Verfassen Sie bereits in einer frühen Arbeitsphase einen Einleitungsentwurf, um sich mit Ihrer Schwerpunktsetzung und Vorgehensweise auseinanderzusetzen. Orientierung bietet das vorläufige Konzept für Ihre Facharbeit (▶ S. 13). Prüfen Sie diesen Entwurf spätestens nach der Ausarbeitung des Hauptteils unter anderem daraufhin, ob die Einleitung zu viel verspricht und ob das angekündigte Vorgehen umgesetzt wurde. Eine gelungene Einleitung zeichnet sich durch eine sachliche, kompakte und präzise Darstellungsweise aus (▶ S. 70 ff.).

1 Untersuchen Sie den Aufbau der folgenden beiden Musterbeispiele für eine Einleitung, zunächst ohne Beachtung der Unterstreichungen. Notieren Sie Ihre Anmerkungen am Rand. Eine Hilfestellung bietet Ihnen der Wortspeicher. Hinweis: Die Unterstreichungen sind erst für Aufgabe 2 relevant.

Anlass/Aufhänger • Fragestellung • Ziel der Facharbeit • methodisches Vorgehen • Materialgrundlage • Eingrenzung des Gegenstandes mit Begründung • Rückbindung an die Problem-/Fragestellung

Thema: Mephisto – „der Marinelli der Hölle"? I. Einleitung	Anmerkungen zum Aufbau
In seiner Auseinandersetzung mit der schauspielerischen Umsetzung der Figur des Mephisto sprach der Schriftsteller Karl Immermann (1796–1840) von einem „Marinelli der Hölle, den Goethe im Sinne hatte". Welche Analogien zwischen diesen beiden großen Intriganten der Literaturgeschichte, Lessings Marinelli und Goethes Mephisto, legen den Vergleich Immermanns nahe? <u>Zur Beantwortung dieser Frage werde ich zunächst</u> die Begriffe „Intrige" und „Intrigant" <u>auf der Grundlage von</u> Peter Matts Darlegungen zur Intrige (2006) <u>klären</u>. Um die beiden Dramenfiguren auch im Rahmen des zeitgeschichtlichen Kontextes der Werke betrachten zu können, wird dieser <u>in einem weiteren Arbeitsschritt</u> jeweils kurz dargestellt. Auf dieser Grundlage ist es Ziel dieser Arbeit, anhand ausgewählter Szenen und Sekundärtexte die beiden Intriganten Marinelli und Mephisto vergleichend in den Blick zu nehmen. Dazu werde ich zunächst die Darstellung des Figurencharakters vergleichend analysieren. Dieser erschließt sich zum einen aus deren Verhaltensweisen, Eigenschaften und Selbstwahrnehmung, zum anderen aus der Fremdwahrnehmung weiterer Dramenfiguren. Bedeutsam ist dabei vor allem das Verhältnis des jeweiligen Intriganten zu seinem Herrn. Um dem Rahmen dieser Arbeit zu entsprechen, werde ich dazu exemplarisch die Dramenszene IV/1 *(Emilia Galotti)* und „Trüber Tag. Feld" *(Faust I)* vertiefend in den Blick nehmen. Die Fokussierung auf einzelne Szenen birgt die Gefahr, weitere Facetten der Figur bzw. ihre Entwicklung außer Acht zu lassen. Weitere Dramenszenen finden jedoch Berücksichtigung bei der Analyse des Vorgehens der beiden Intriganten, ihrer Motive und Strategien. Diese Motive und Strategien spielen beim Vergleich der Intriganten eine zentrale Rolle: Was bezweckt der Intrigant mit seiner Intrige? Wie geht er vor? Ist seine Strategie erfolgreich? Mit der Intention und Vorgehensweise Mephistos befassen sich u. a. Pasquale Memmolo (1995) und Jochen Schmidt (2011). Zur Untersuchung der Motive und Strategien Marinellis ziehe ich u. a. die Interpretationen von Ewa Grzesiuk (2004) und Eva Tüttelmann (2007) hinzu. Die Planung und Durchführung der Intrige übernehmen immer auch eine dramaturgische Funktion, die ich ebenfalls vergleichend analysieren werde. Hierbei soll u. a.	*„Aufhänger"/Anlass/Zitat*

beurteilt werden, inwieweit der Intrigant jeweils die Handlung des Stückes lenkt, andere Figuren beeinflusst und Schuld für die Ereignisse trägt.

Ziel der Untersuchung ist es somit, die Analogien zwischen den beiden Intriganten der Literaturgeschichte herauszustellen, aber auch kritisch zu hinterfragen, inwiefern Mephisto als „Marinelli der Hölle" betrachtet werden kann.

Thema: Konzeptuelle Metaphern in der Rede über Fußball I. Einleitung	Anmerkungen zum Aufbau
Die vielfältige Bildsprache des Fußballs ist auch Laien recht vertraut, ebenso das kritische Hinterfragen der Verwendung bestimmter sprachlicher Bilder (z. B. bei Jan Reschke, 2010). Wenn Spieler, Fans und Reporter über ihren Sport reden, hört man Metaphern aus einer Vielzahl von Bildbereichen. Wie nutzen Menschen, die über Deutschlands beliebtesten Sport reden, dieses Spektrum, welche Absichten verfolgen sie dabei? _Zur Beantwortung dieser Fragen werde ich zunächst_ als methodischen Hintergrund meiner Arbeit die kognitive Metapherntheorie von George Lakoff und Mark Johnson (2004) _entfalten_. _Basierend hierauf ist es das Ziel dieser Arbeit herauszufinden_, welche Bildfelder in der Fußballsprache besonders häufig verwendet werden und welche Funktionen ihnen zugewiesen werden können. Hierdurch sollte deutlich werden, wie sich die Wahrnehmung des Spiels in der Sprache von Kommentatoren, Spielern und Fans spiegelt. Hilfreich ist hierbei die Arbeit von Jannis Androutsopoulos, Dirk Kasten und Natascha Kreye (2006), die den Bezug zwischen Fußballsprache und kognitiver Metapherntheorie umreißt. Betrachtend hinzuziehen werde ich Aussagen von Fernseh- und Radiokommentatoren, nach Spielende interviewten Spielern sowie Fans im Stadion und vor dem Fernseher. Im Rahmen einer Facharbeit kann nicht das gesamte Feld des journalistischen und laienhaften Kommentierens in Betracht gezogen werden; daher beschränke ich mich auf das spontane, nicht oder wenig reflektierte Kommentieren unmittelbar während des Spiels oder danach, um Einblick in die spontane Reproduktion oder Neuerfindung bildhafter Ausdrücke zu gewinnen. Mit dem Verhältnis von Fußball und dessen sprachlicher Abbildung befassen sich u. a. Matthias Feies (2014) sowie Armin Burkhardt (2006) in seinem Standardwerk zur Fußballmetaphorik. Von besonderem Interesse sind für meine Zwecke die Lernmaterialien von Uwe Wiemann (2003), die es ausländischen Spielern ermöglichen sollen, deutsche Fußballphrasen zu verstehen und zu verwenden. Vor diesem Hintergrund soll deutlich werden, wie bildhaftes Sprechen einerseits unsere Wahrnehmung des Spiels bestimmt, andererseits diese Wahrnehmung kreativ ausgedrückt werden kann.	

2 Unterstreichen Sie in den Einleitungen (▶ Aufg. 1) weitere sprachliche Wendungen bzw. Formulierungen, die Sie beim Verfassen Ihrer Einleitung nutzen können (▶ S. 57).

Tipp   Formulierungsbausteine sammeln

Für die Formulierungsarbeit ist ein **Repertoire an sprachlichen Werkzeugen** äußerst hilfreich. Auf der folgenden Seite finden Sie eine Liste mit Vorschlägen. Sammeln Sie weitere Formulierungsbausteine in einer eigenen Liste, die Sie in Ihrer Kursmappe anlegen.

Formulierungsbausteine   **Die Einleitung formulieren**

- **Zur Vorstellung, Begründung und Eingrenzung des Themas:**
  Im Rahmen der vorliegenden Arbeit / In meiner Facharbeit setze ich mich mit ... auseinander.
  Als Thema dieser Facharbeit habe ich ... gewählt. / Die vorliegende Facharbeit thematisiert ...
  Die zentrale Problemstellung/Fragestellung dieser Arbeit stellt ... dar.
  Das Hauptaugenmerk dieser Arbeit liegt auf ... / Im Fokus dieser Arbeit steht ...
  Von Interesse ist hierbei v. a. ... / Ziel dieser Arbeit ist ... / ist es nicht, ...
  Dabei verzichte ich bewusst auf ... / Unberücksichtigt bleibt hingegen ... / Hier beschränke ich mich auf ...
  Für diese Eingrenzung der Thematik / die Fokussierung auf ... spricht ...
  Diese Schwerpunktsetzung lässt sich rechtfertigen mit ...
  Um ... gewährleisten/entsprechen / fundiert darlegen zu können, ...

- **Zur Erläuterung und Begründung des methodischen Vorgehens:**
  Zunächst wird ... eingeordnet. / Zuerst gehe ich auf ... ein. / Voranstellen möchte ich ...
  Im weiteren Verlauf meiner Arbeit ... / In einem weiteren Arbeitsschritt ... / Daran schließt sich ... an.
  An dieser Stelle zeige ich auf, wie ...
  Bedeutsam / Von Bedeutung / Relevant ist hierbei ...
  In diesem Zusammenhang gilt es zu klären, inwiefern/inwieweit ...
  Dazu setze ich ... in Bezug zu ... / Hierzu stelle ich einen Zusammenhang her zwischen ...
  Vielmehr stelle ich heraus / zeige ich auf , dass ...
  Diese Vorgehensweise erscheint mir zielführend, weil ...
  Zusammenfassend lässt sich festhalten, dass ...

- **Zur Darlegung und Begründung der Materialgrundlage:**
  Auf der Grundlage/Basis von ...
  Zur Beantwortung/Klärung dieser Frage ziehe ich ... hinzu.
  Anhand ausgewählter/exemplarischer Textauszüge ...
  Am Beispiel ... gilt es zu klären / zu untersuchen, ob/inwiefern/inwieweit ...
  Diese Textauswahl / Dieses exemplarische Vorgehen ist sinnvoll, da ...
  Dabei beziehe ich den Standpunkt / die Interpretation ... in meine Überlegungen ein.
  Zu dieser Problematik hat sich X in ihrer/seiner Untersuchung zu ... geäußert.
  Interessant/Maßgebend/Fragwürdig ist in diesem Zusammenhang die Sichtweise ...
  Bezüglich dieses Aspekts liegt eine umfassende Analyse/Arbeit von X vor, auf die ich ...

3 Verfassen Sie auf der Basis Ihres Konzepts (▶ S. 13) und mit Hilfe der Formulierungsbausteine (s. o.) einen ersten Einleitungsentwurf zu Ihrer Facharbeit. Arbeiten Sie am Computer.

4 Entwickeln Sie ein System der Textmarkierung mit Ihrem Textverarbeitungsprogramm. Kennzeichnen Sie in Ihrem Entwurf z. B. Stellen, die Sie noch prüfen oder ausformulieren müssen, vage Ideen, unvollendete Gedankengänge, Alternativen und mögliche Ergänzungen, ungünstige und alternative Formulierungen (z. B. *bezweckt/intendiert*), Zitate. Sie können sich am folgenden Beispiel orientieren:

> Bedeutsam ist dabei vor allem das Verhältnis des jeweiligen Intriganten zu seinem Herrn. Daher werden – um den Rahmen dieser Arbeit zu nicht zu sprengen – exemplarisch die Dramenszene IV,1 *(Emilia Galotti)* und „Trüber Tag. Feld" *(Faust I)* vertiefend in den Blick genommen. In diesen Textauszügen ... *knappe Begründung der Szenenauswahl einfügen?*
> Darüber hinaus spielen die Motive und Strategien beim Vergleich der Intriganten eine zentrale Rolle: Was bezweckt/intendiert der Intrigant mit seiner Intrige? Wie geht er vor? Ist seine Strategie erfolgreich? *Materialgrundlage / Sekundärtexte kurz darlegen?*
> Die Planung und Durchführung der Intrige übernehmen immer auch eine dramaturgische Funktion, die ich ebenfalls vergleichend analysieren werde. Hierbei soll u. a. beurteilt werden, inwieweit der Intrigant jeweils die Handlung des Stücks lenkt und andere Figuren beeinflusst. *Sprengt das den Rahmen??? Können wichtige Gesichtspunkte in die Beantwortung der Fragen „Wie geht er vor? Ist seine Strategie erfolgreich?" integriert werden (z. B. Hast/Eile, Verantwortung/Schuld)? Mit Gliederung abgleichen!*

5.2   Den Hauptteil schreiben

Info   **Der Hauptteil der Facharbeit**

Im Hauptteil Ihrer Facharbeit stellen Sie Ihre Untersuchungsergebnisse dar. Achten Sie auf eine eigenständige ge-
dankliche Verarbeitung. Dabei müssen die Einzelerkenntnisse unter Berücksichtigung der Schwerpunktsetzung
der Facharbeit in einen logischen Zusammenhang gebracht, aufeinander bezogen und kritisch reflektiert werden.
Beachten Sie beim Schreiben des Hauptteils die folgenden **Kriterien wissenschaftlichen Arbeitens** (▶ S. 6):
- **Strukturiertheit:** sach- und problemgerechte Gliederung und Gewichtung der Arbeitsschritte
- **Stringenz:** themenbezogene Auswertung von Informationen und zielgerichtete Entfaltung der Problem-
  stellung
- **Kohärenz:** logische Verknüpfung einzelner Arbeitsschritte, schlüssige Verknüpfung von Sätzen
- **Differenziertheit:** differenzierte und gedanklich komplexe Auseinandersetzung mit dem Sachverhalt
- **Sachlichkeit:** sachliche, kritisch-distanzierte Auseinandersetzung mit dem Thema
- **Fachmethode und -sprache:** u. a. sinnvoller Gebrauch von Fachbegriffen, korrekte Redewiedergabe und an-
  gemessenes und korrektes Zitieren (▶ S. 60)

1 Untersuchen Sie den folgenden Auszug aus dem Hauptteil einer Facharbeit mit Blick auf Formulierungen:
zum einen <u>Überleitungen und Verknüpfung von Untersuchungsergebnissen</u>, zum anderen
Wiedergabe von Aussagen anderer Autoren. Markieren Sie diese Formulierungen in der entsprechenden Farbe.
Hinweis: Die Fußnoten im Text sind erst für S. 61, Aufgabe 4 relevant.

Thema: Mephisto – „der Marinelli der Hölle"?
2. Marinelli – ein typischer Kammerherr?

*Gemäß den Regeln am Hof ist das Verhältnis des Kammerherrn Marinelli zum Prinzen festgelegt: Er ist ein persönlicher
Bediensteter, der seinem Herrn bei offiziellen und privaten Angelegenheiten loyal zur Seite steht und in dessen Sinne
handelt. In ihrer Abhandlung fragt sich Magdalena Surowiec, ob Marinelli diesem Verständnis seines Berufsbildes
gerecht wird (vgl. Surowiec 2016). Ist er bloßer Handlanger seines Herrn oder gar, wie Eva Tüttelmann formuliert, „unmündiges Opfer seines sozialen Umfelds" (Tüttelmann 2007, S. 9)?*
*Zur Klärung dieser Frage ist eine Figurenanalyse mittels der Szene IV/1 aufschlussreich. Der Prinz und sein Kammerherr
treffen nach der Ermordung Appianis auf dem Lustschloss zu Dosalo aufeinander. Gefühlskalt weist Marinelli jegliche
Schuld am Tod des Grafen von sich. Skrupellos beherrscht er die höfische Kunst der Verstellung. So mimt er nicht nur
den Beleidigten, als der Prinz seinen Worten misstraut, sondern bewahrt auch angesichts des Todes seines Kontrahen-
ten Appiani den Schein der Ehrbarkeit: „Ich hatte ihn aufgefordert; er war mir Genugtuung schuldig, er ist ohne diese
aus der Welt gegangen, und meine Ehre bleibt beleidiget." (Emilia, IV/1) Sogar vor Vorwürfen schreckt Marinelli in
dieser Situation nicht zurück. Er unterstellt dem Prinzen eine Mitschuld am Tod des Grafen, da er Emilia zuvor in der
Kirche aufgesucht hatte – ein Vorgang, der nicht „in den Tanz gehörte" (ebd.). Diesem Vorwurf, die Pläne des Kammerherrn durchkreuzt zu haben, verleiht Marinelli mit höfischem Zynismus Nachdruck: „An dem Meisterstreiche liegt das,
den er selbst meinen Anstalten mit einzumengen die Gnade hatte" (ebd.). Dieser Sprechduktus widerspricht den Erwartungen an einen respektvollen Umgang mit einem Vorgesetzten völlig.*
*Ein weiterer Aspekt ist die Fremdwahrnehmung des Prinzen, die neben Marinellis Verhalten und Selbstdarstellung für
die Charakterisierung dieser Figur bedeutsam ist. Der Prinz erkennt beim Aufeinandertreffen mit seinem Kammerherrn, dass der Tod Appianis bewusst geplant und im Interesse Marinellis war: „Die [gemeint: Unglücksfälle, Anm. d.
Verf.] sich dabei ereignen – könnten, sagen Sie? oder sollten?" (ebd.).[1] Der Prinz selbst ist zum Spielball seines Kammerherrn geworden: „Sein Tod war Zufall, bloßer Zufall. Sie versichern es; und ich, ich glaube es." (ebd.) ...*
*Insgesamt macht die Charakterisierung des Kammerherrn deutlich, dass Marinelli die Erwartungen an einen unter-
gebenen Höfling nicht erfüllt. Vielmehr instrumentalisiert er den Prinzen gezielt für seine Zwecke. Magdalena Surowiec
stellt zwar heraus, dass Marinelli sich dem Prinzen unterwerfe, weil seine Stellung am Hof von diesem abhänge (vgl.
Surowiec 2016). Wie sehr Marinelli von „der Gnade [s]eines Prinzen" (Emilia, IV/1) abhängig ist, ist ihm wohl bewusst.[2]
Dennoch kommt in den dargelegten Eigenschaften und Verhaltensweisen Marinellis deutlich zum Ausdruck, dass er
die höfischen Verstellungskünste klug einzusetzen weiß und seinen Herrn gezielt manipuliert. Ergänzend verweist Ewa
Grzesiuk auf die Mitverantwortung des Prinzen, der in seiner Zerstreutheit und Gefühlsduselei Marinelli zu „seinem
mentalen Vormund" mache, welcher sich wiederum „die Vollmacht für alle geplanten Schritte" verschaffe (Grzesiuk
2004, S. 78).[3] Zwischen den beiden Figuren besteht ein Abhängigkeitsverhältnis, wobei sich der Prinz den Machen-
schaften seines Kammerherrn letztlich nicht mehr entziehen kann.*

Formulierungsbausteine **Den Hauptteil formulieren**

- **Satzzusammenhänge verdeutlichen: verknüpfende Konjunktionen und Adverbien**
  - kausal (Grund): *denn, da, weil, darum, deswegen, deshalb, daher ...*
  - final (Ziel, Zweck): *dass, damit, um zu (mit Infinitiv), darum ...*
  - adversativ (Gegensatz): *aber, allein, doch, sondern, trotzdem, als dass, anstatt dass, während ...*
  - konzessiv (Einräumung): *obwohl, trotzdem, soviel ... auch, wie ... auch, dennoch ...*
  - konsekutiv (Folge): *derart(ig) ... dass, sodass, so ... dass, um zu (mit Infinitiv), also, folglich ...*
  - konditional (Bedingung): *wenn, falls, je nachdem, ob ... oder, sofern, sonst, andernfalls ...*
  - alternativ (mehrere Möglichkeiten): *beziehungsweise, entweder ... oder, oder ...*
  - kopulativ (Verbindung, Reihung): *nicht nur ... sondern auch ..., sowie, sowohl ... als auch ..., weder ... noch ...*
  - modal (Art und Weise): *als (ob), dadurch dass, indem, insofern (als), je ... desto ..., ohne zu (mit Infinitiv), wie ...*
  - temporal (Zeit): *als, bevor, ehe, bis, nachdem, seitdem, sobald, solange, sooft, während, wenn ...*

- **Überleiten**
  In einem weiteren Arbeitsschritt ...
  Ein weiterer Gesichtspunkt/Aspekt ...
  An dieser Stelle ...
  Auf der Basis/Grundlage dieser Ausführungen werde ich im Folgenden ...
  Hinzu kommt ...

- **Fremdpositionen wiedergeben**
  X thematisiert / stellt heraus / verweist auf / führt an / nimmt an / schreibt ...
  X stellt in seiner Abhandlung / seiner Arbeit / in seinem Aufsatz/Artikel/Beitrag dar, ...
  Laut/Nach X ... / So heißt es bei X ... / X zufolge ...
  X vertritt die Ansicht, dass ... / begründet dies mit ... / unterstreicht seine Aussage durch ...
  Die Haltung Xs zu ...
  Mit Beispielen wie ... untermauert X seine These ...

- **Eigene und fremde Untersuchungsergebnisse verknüpfen**
  Wie bereits in Kapitel X ausführlich dargelegt/erwähnt ...
  Vergleicht man diese Untersuchungsergebnisse mit meinen Ausführungen zu ..., wird deutlich ...
  Ein Vergleich mit .... macht offensichtlich ...
  Bezieht man Xs Überlegungen/Anmerkungen in diesen Gedankengang mit ein, ...
  Auf der Basis von / Anhand/Mittels Xs Analyse lässt sich ... ergänzen.
  Gemeinsamkeiten nennen
  Hier zeigen sich Parallelen/Analogien zu ...
  Entsprechend ... / Ähnlich wie ...
  Sowohl X als auch Y ... / Wie X ist auch Y ...
  Übereinstimmend stellen die beiden Autoren/Autorinnen fest, dass ...
  Beide vertreten die Auffassung ...
  Diese Argumentation weist Übereinstimmungen mit XY auf: ...
  Unterschiede benennen
  Während ... / Im Gegensatz zu ... / Anders als ...
  Hingegen/Allerdings/Indessen/Dagegen ...
  Dieses Analyseergebnis / Diese Erkenntnis widerspricht ...
  Hier unterscheiden sich meine Untersuchungsergebnisse von ...
  X vertritt hier einen anderen Standpunkt / nimmt hier eine andere Position ein: ...
  Diesem Untersuchungsergebnis widerspricht der Beitrag von X insofern, als ...
  Hinsichtlich ... nehmen die Autoren/Autorinnen unterschiedliche Standpunkte ein.

- **(Kritisch) kommentieren/reflektieren**
  X behauptet/übersieht/verkennt/vernachlässigt / begnügt sich mit ... / berücksichtigt nicht ...
  Die Untersuchungen/Darlegungen von X lassen vermuten, dass ...
  Scheinbar ...
  In ihrer/seiner herausragenden/umfassenden Untersuchung verdeutlicht X ...
  X betont mit Recht ...
  Hier schließe ich mich X an, der ...
  Meines Erachtens / Meiner Ansicht nach ...
  Dieser Standpunkt ist durchaus nachvollziehbar, unberücksichtigt bleibt jedoch ...

Info   **Richtig zitieren**

Beim Verfassen einer Facharbeit sollen Aussagen aus den verwendeten Materialien wiedergegeben werden. Dabei haben Sie die Möglichkeit, **wörtliche Zitate** zu verwenden oder zu **paraphrasieren** (▶ S. 62).
Achten Sie bei **wörtlichen Zitaten** auf formal korrektes Zitieren:

1. Wörtliche Zitate werden am Anfang und am Ende durch **Anführungszeichen** kenntlich gemacht, z. B.:
   Faust ergreife in Gretchens Kammer „religiöser Schauder" (Sudau 1993, S. 84).
   Zitiert man einen Text, in dem sich bereits ein Zitat befindet, so wird Letzteres durch einfache Anführungszeichen gekennzeichnet, z. B.: *Aus Mephistos Perspektive sei „Gretchen in der Tat die Erstbeste, Fausts ‚Lüsternheit' (V. 2740) zu wecken" (Sudau 1993, S. 84).*

2. Nach einem Zitat wird die **Quelle** in Kurzform angegeben, und zwar am Ende des Satzes oder Abschnitts oder in einer Fußnote (▶ S. 61). Die vollständige Angabe erfolgt im Literaturverzeichnis. Wird eine Quelle wiederholt, kann der Kurztitel durch *ebd.* (für *ebenda*) ersetzt werden. Verwenden Sie folgende Abkürzungen:
   S. = Seite   *f.* = eine folgende Seite/Zeile / ein Vers
   Z. = Zeile   *ff.* = mehrere folgende Seiten/Zeilen/Verse
   V. = Vers

3. **Vollständig zitierte Sätze** werden durch einen **Doppelpunkt** abgetrennt, z. B.:
   Sudau meint dazu: „Faust muss [...] ahnen, dass auch Gretchen ihm den vollends erfüllten Augenblick nicht schenken wird [...]" (Sudau 1993, S. 85).

4. Kurze Zitate werden **in einen selbst formulierten Satz integriert,** z. B.:
   Faust verführe Gretchen in Folge „seines Selbstbewusstseins als ewig Unbefriedigter" (Sudau 1993, S. 85).
   Zitate, die in einen eigenen Satz eingefügt werden, müssen gegebenenfalls grammatisch angepasst werden. **Veränderungen** sind **in eckigen Klammern** anzuzeigen, z. B.:
   Trotz seiner „frühzeitig[en] moralische[n] Skrupel" (Sudau 1993, S. 84) entschließe sich Faust dazu, Gretchen zu verführen.

5. **Auslassungen** im Zitat werden durch **drei Punkte in eckigen Klammern** kenntlich gemacht: *[...]*

---

2 **a** Vollziehen Sie anhand der folgenden Zitate (▶ Kap. 4.1) die „Regeln des Zitierens" nach.
Notieren Sie in der rechten Spalte jeweils die Nummern der Regeln, die zur Anwendung kommen.

	Zitat	Zitierregeln Nr.
1	Der Prinz mache Marinelli zu „seinem mentalen Vormund" (Grzesiuk 2004, S. 78).	
2	Wie sehr Marinelli von „der Gnade [s]eines Prinzen" (*Emilia Galotti*, IV/1) abhängig ist, ist ihm wohl bewusst.	
3	Marinelli bewahrt auch angesichts des Todes seines Kontrahenten Appiani den Schein der Ehrbarkeit: „Ich hatte ihn aufgefordert; er war mir Genugtuung schuldig, er ist ohne diese aus der Welt gegangen, und meine Ehre bleibt beleidiget" (*Emilia Galotti*, IV/1).	
4	Er unterstellt dem Prinzen eine Mitschuld am Tod des Grafen, da er Emilia zuvor in der Kirche aufgesucht hatte – ein Vorgang, der nicht „in den Tanz gehörte" (ebd.).	
5	Der Prinz durchschaut, dass der Tod Appianis bewusst geplant und im Interesse Marinellis war: „Die [gemeint: Unglücksfälle, Anm. d. Verf.] sich dabei ereignen – könnten, sagen Sie? oder sollten?" (ebd.)	
6	Ähnlich kommt auch Eva Tüttelmann in ihrer Arbeit zu dem Ergebnis, es sei „nahezu unmöglich, ihn [...] als Opfer seines Umfelds zu betrachten" (Tüttelmann 2007, S. 9).	

  b Formulieren Sie anhand des fünften Zitats eine weitere Regel zum Zitieren:

_____

_____

_____

_____

Info   Fehler beim Zitieren vermeiden

1. **Verfälschung:** Durch Herauslösung einzelner Begriffe oder Schlagwörter aus dem Zusammenhang besteht die Gefahr der Veränderung der ursprünglichen Aussage. Das Zitat muss auch außerhalb seines originalen Kontextes seinen Sinn bewahren.
2. **Nicht korrekte Grammatik:** Das in den eigenen Text eingefügte Zitat passt nicht in den Satzzusammenhang. Zitate und eigener Fließtext sollten stets vollständige und richtige Sätze ergeben.
3. **Fehlende Kommentierung:** (Lange) Zitate werden nicht ausführlich kommentiert. Mitunter kommt es so zu einer bloßen Aneinanderreihung von Zitaten. Zitate können nicht die eigene gedankliche Leistung ersetzen.
4. **Wiederholende Kommentierung:** Die Kommentierung wiederholt den Inhalt des Zitats und stellt keine eigenständige gedankliche Verarbeitung dar.
5. **Unnötiges Zitieren:** Eher selbstverständliche Äußerungen bzw. nebensächliche Aussagen brauchen in der Regel nicht zitiert zu werden. Wählen Sie prägnante, aussagekräftige Zitate, die das unterstützen oder veranschaulichen, was Sie in Ihrem eigenen Text ausführen. Verwenden Sie wörtliche Zitate sparsam.

3 Finden Sie die Zitierfehler. Notieren Sie in der rechten Spalte die Fehlernummer (▶ Nummerierung im Infokasten).

	Zitat	Zitierfehler
A	Marinelli wünscht sich, dass Graf Appiani noch lebe: „Dass er noch lebtet. O dass er noch lebte!" (*Emilia Galotti,* IV/1).	*4*
B	Ewa Grzesiuk verdeutlicht die Hinterlist Marinellis, dessen „Taktik besteht darin, dem Prinzen das Gelingen der Intrige in Aussicht zu stellen" (Grzesiuk 2004, S. 78).	
C	Der Kammerherr „nutzt die Gunst der Stunde", um seine Intrige auch nach dem Mord an Appiani fortführen zu können (Grzesiuk 2004, S. 78).	
D	Marinelli antwortet: „Was Sie auch gemusst hätten – wenn der Graf noch lebte" (*Emilia Galotti,* IV/1).	

Info   Fußnoten

Fußnoten sind Anmerkungen in der so genannten Fußzeile Ihres Dokuments bzw. Textes. Sie ermöglichen Ihnen unter anderem,
- ergänzende **Erläuterungen** und Beispiele zum Hauptteil anzuführen,
- auf **andere Textstellen** Ihrer Arbeit oder auf andere Autoren zu verweisen,
- **Quellen** anzugeben (▶ Info „Richtig zitieren", S. 60).

4 Notieren Sie in der Kommentarleiste, welche Funktion die Fußnoten (▶ Info) jeweils übernehmen.

Fußnote zum Auszug aus dem Hauptteil einer Facharbeit (▶ S. 4)	Funktion
[1] Hier spielt der Prinz auf den gezielten Mord an dem Grafen Appiani an – ein „Unglücksfall" nach der Darstellung seines Kammerherrn Marinelli.	*Erläuterung zum Bezug eines Zitats (Nachvollziehbarkeit)*
[2] Auch Nina Hirschle betont die Abhängigkeit Marinellis von seinem Souverän: Auf dessen absolutistisch uneingeschränkte Macht stütze sich Marinellis intrigantes Vorgehen (vgl. Hirschle 2008, S. 52).	
[3] Hier verweist Ewa Grzesiuk auf die Szene I/6. Der Prinz verzichte in seiner Verzweiflung angesichts der bevorstehenden Hochzeit Emilias auf selbstständiges Denken: „Liebster, bester Marinelli, denken Sie für mich" (Emilia, I/6). Marinelli hingegen sichere sich gezielt ab: „Wollen Sie mir freie Hand lassen, Prinz?" (ebd.)	
[4] Tüttelmann 2007, S. 9	

> **Info**   **Paraphrasieren – Sinngemäß übernehmen**
>
> Beim **Paraphrasieren** gibt man eine **Textaussage mit eigenen Worten** wieder. Anders als beim **Zitat,** das einen
> Text **wörtlich wiedergibt,** löst sich die Paraphrase von der Formulierung des Textes; dennoch trifft sie dessen Aus-
> sage so genau wie möglich. Positionen des Ausgangstextes werden in **indirekter Rede** oder mit entsprechenden
> **sprachlichen Signalen** wiedergegeben, z. B.:
> *Die Autorin behauptet ... Sie begründet dies mit ... Sie unterstreicht die Aussage durch ...*
> *Mit Beispielen wie ... untermauert sie ihre These ... Ihrer Auffassung nach ist ... Nach Ansicht der Autorin ist ...*
> Am Ende einer sinngemäßen Übernahme folgt **in Klammern bzw. in der Fußnote** der **Verweis auf die Quelle,**
> der durch **vgl.** (für *vergleiche*) gekennzeichnet wird, z. B.: *vgl. Maier 2016, S. 12*

5 Fügen Sie in den Text die passende Form des Verbs ein. In Klammern ist die Verbform des Originals vorgegeben. Hilfestellung bietet Ihnen der Infokasten „Konjunktiv in der indirekten Rede" auf Seite 63.

Eva Tüttelmann stellt die Frage, ob Marinelli ein gefühlskalter und gewissenloser Kammerherr _____ (ist),

der mit seinem Vorgehen die Hochzeit Emilias mit dem Grafen verhindern _____ (will). Aus seinem Verhalten

_____ (lässt) sich schließen, dass Marinelli von Anfang an damit _____ (rechnet), dass seine Pläne

möglicherweise Unannehmlichkeiten nach sich _____ (ziehen). Marinelli _____ (hat

gelernt), dass am Hof besondere Regeln _____ (herrschen).

Laut Eva Tüttelmann könne der Verdacht aufkommen, Marinelli _____ (ist) ein bloßer Anstifter des Prinzen.

Aus ihren Ergebnissen schließt sie jedoch, dass es in Anbetracht der Unbarmherzigkeit Marinellis nahezu unmöglich

_____ (wird), ihn als Opfer zu betrachten.

6 a   Im folgenden Text wurden fehlerhafte Konjunktiv- und Ersatzformen verwendet. Unterstreichen Sie diese.
   b   Schreiben Sie jeweils die korrekte Form des Konjunktivs I bzw. II. über den Text.

VORSICHT FEHLER !

Nach Ewa Grzesiuk wäre vor allem das Verhalten des Prinzen überraschend, der zwar die Hinter-

gründe des Komplotts begriffen hätte, aber an einer akuten Paralyse des Handelns zu leiden scheine. Er würde in

die Weiterführung der Intrige einwilligen, als gäbe es keine Alternative. Marinelli täusche von Beginn an Freundschaft

vor, entlockte dem Prinzen seine Geheimnisse und nütze die Gefühlslage seines Herrn zur Machterweiterung.

7 Geben Sie die folgenden Sätze so in der indirekten Rede wieder, dass sie sich an den einleitenden Satz anschließen:
Die Autorin legt dar, dass ...

–   Marinelli hat keinen rigorosen Tugendbegriff.

... Marinelli keinen _____

–   Man kann ihn als einen Opportunisten bezeichnen.

_____

–   Marinelli erfährt vom Tode des Grafen und behauptet, er habe den Mord nicht geplant.

_____

_____

| Info | Konjunktiv in der indirekten Rede |

- In der indirekten Rede steht normalerweise der **Konjunktiv I**, z. B.:
  Die Autorin ist der Ansicht, Marinelli sei ein geschulter Höfling.
  Sie behauptet, er verstelle sich und täusche Gefühle bewusst vor.
  Vor allem der Prinz lasse sich von ihm hinters Licht führen.
- Kann der Konjunktiv I nicht verwendet werden, weil die Form sich nicht von der entsprechenden Form des Indikativs unterscheidet, tritt der **Konjunktiv II** an seine Stelle (unten blau gedruckt), z. B.:
  Die Autorin behauptet, die anderen Figuren nähmen Marinellis persönliche Interessen zunächst nicht wahr.
  Sie sähen den Tod Appianis beispielsweise nicht als Teil von Marinellis Plan.
- Lässt sich auch der Konjunktiv II (im Textzusammenhang) nicht vom Indikativ unterscheiden, greift man **auf die Ersatzform mit „würde"** zurück (unten blau gedruckt), z. B.:
  Die Autorin verdeutlicht, dass die anderen Figuren Marinellis Intrige am Ende jedoch durchschauen würden.
  Die Annäherungsversuche des Prinzen und die letzten Worte des Grafen würden den Intriganten verraten.

Bildung der Formen

Tempus	Indikativ	Konjunktiv I (Bildung: Ableitung vom Infinitiv, -e- + Personalendung)	Konjunktiv II (Bildung: Ableitung vom Präteritum Indikativ, bei starken Verben mit einem Umlaut: a, o, u → ä, ö, ü)
Präsens	*ich schreibe / ich weiß* *du schreibst / du weißt* *er schreibt / er weiß* *wir schreiben / wir wissen* *ihr schreibt / ihr wisst* *sie schreiben / sie wissen*	*ich schreibe / ich wisse* *du schreibest / du wissest* *er schreibe / er wisse* *wir schreiben / wir wissen* *ihr schreibet / ihr wisset* *sie schreiben / sie wissen* (Konj. I lautet wie Indikativ → ersetzen durch Konj. II)	*ich schriebe / ich wüsste* *du schriebest / du wüsstest* *er schriebe / er wüsste* *wir schrieben / wir wüssten* *ihr schriebet / ihr wüsstet* *sie schrieben / sie wüssten* (Konj. II lautet wie Indikativ Präteritum → ersetzen durch Ersatzform mit würde)
Vergangenheits-formen (für Präteritum, Perfekt und Plusquamperfekt im Indikativ gibt es nur eine Form des Konjunktivs)	*sie wusste* *sie hat gewusst* *sie hatte gewusst* *es gelang* *es ist gelungen* *es war gelungen*	*sie habe gewusst* *es sei gelungen*	*sie hätte gewusst* *es wäre gelungen*
Futur	*sie wird schreiben*	*sie werde schreiben*	*sie würde schreiben*

Einleitungssatz			abhängiger Satz
		vorzeitig	*er habe sich verstellt.* **Konjunktiv I (Singular)** *sie hätten sich verstellt.* **Konjunktiv II (Plural)**
Die Autorin sagt (sagte, hat gesagt, wird sagen), ...		gleichzeitig	*er äußere Beschwerden.* **Konjunktiv I (Singular)** *sie äußerten Beschwerden.* **Konjunktiv II (Plural)**
		nachzeitig	*es werde verschwinden.* **Konjunktiv I (Singular)** *sie würden verschwinden.* **Konjunktiv II (Plural)**

8 Prüfen Sie den folgenden Textauszug mit Blick auf angemessenes und funktionales Zitieren:

a Markieren Sie sinngemäße Wiedergaben (Paraphrasen), wörtlich übernommene Zitate und die Formulierung eigener Untersuchungsergebnisse in unterschiedlichen Farben.

b Notieren Sie in der Kommentarleiste die jeweilige Funktion der Paraphrasen bzw. Zitate im Argumentationsgang.

c Beurteilen Sie die Angemessenheit der gewählten Zitierweise.

Auszug aus dem Hauptteil einer Facharbeit (▶ S. 58)	Funktion des Zitats / der Paraphrase
Insgesamt macht die Charakterisierung des Kammerherrn deutlich, dass Marinelli die Erwartungen an einen untergebenen Höfling nicht erfüllt. Nina Hirschle betont zwar die Abhängigkeit Marinellis von seinem Souverän: Auf dessen absolutistisch uneingeschränkte Macht stütze sich sein intrigantes Vorgehen (vgl. Hirschle 2008, S. 52). Dieser Sichtweise verleiht Magdalena Surowiec Nachdruck, indem sie anmerkt, dass Marinelli sich letztlich dem Prinzen unterwerfe, weil seine Stellung am Hof von diesem abhänge (vgl. Surowiec, 2016). Allerdings weist Ewa Grzesiuk darauf hin, dass Marinelli die höfischen Spielregeln klug für seine Zwecke zu nutzen wisse und die Zerstreutheit und Gefühlslage seines Herrn bewusst missbrauche. Sie vertritt die Ansicht, der Prinz mache Marinelli zu „seinem mentalen Vormund" und Marinelli verschaffe sich „die Vollmacht für alle geplanten Schritte" (Grzesiuk 2004, S. 78). Zwischen den beiden Figuren besteht letztlich ein Abhängigkeitsverhältnis, wobei sich der Prinz den Machenschaften seines Kammerherrn nicht mehr entziehen kann. Abschließend lässt sich feststellen, dass es in Anbetracht der Gefühlskälte und Gewissenlosigkeit, die in den oben dargelegten Eigenschaften und Verhaltensweisen Marinellis zum Ausdruck kommen, schwerfällt, Peter-André Alts Gedankengang zu folgen und Marinelli als eine bloße „Figur des Anstifters, der die bösen Triebe im Herrscher aktiviert" (nach Tüttelmann 2007, S. 9), zu sehen. Ähnlich kommt auch Eva Tüttelmann in ihrer Arbeit zu dem Ergebnis, es sei „nahezu unmöglich, ihn [...] als Opfer seines Umfelds zu betrachten" (ebd., S. 9).	– *Schlussfolgerung aus der Textanalyse: Marinelli manipuliert den Prinzen, agiert nicht als Untergebener* –

Beurteilung der Angemessenheit und Funktionalität der Zitiertechnik

Die vorliegende Zitiertechnik ist insofern sinnvoll, als sie kontroverse Standpunkte darlegt und ....

_____

_____

_____

_____

Allerdings liegt stellenweise eine Reihung von Fremdaussagen in Form von Paraphrasen und Zitaten vor, sodass ...

_____

_____

9 Schreiben Sie den Hauptteil Ihrer Facharbeit am Computer. Nutzen Sie die Formulierungshilfen (▶ S. 57) und die Hinweise zur korrekten Redewiedergabe und zum Zitieren (▶ S. 60–62).
Setzen Sie Ihr System zur Textmarkierung mit Ihrem Textverarbeitungsprogramm (▶ S. 57, Aufg. 4) ein.

5.3 Den Schluss schreiben

Info **Inhalt des Schlussteils**

Stellen Sie im Schlussteil Ihrer Facharbeit **die zentralen Untersuchungsergebnisse** noch einmal **kurz und prägnant** dar. Wichtig ist dabei der **Bezug zu der in der Einleitung formulierten Problemstellung,** zu der Sie **abschließend Stellung beziehen.** Dabei können Sie **neue Perspektiven und weiterführende Fragen** aufzeigen, die sich aus Ihren Darlegungen im Hauptteil ergeben. Auch eine **kritische Reflexion des gewählten methodischen Vorgehens** ist im Schlussteil einer Facharbeit möglich. Allerdings sollten Sie auch an dieser Stelle unbedingt **auf persönliche Wertungen und Äußerungen verzichten** (wie z.B.: *Es fiel mir schwer, mich in dieses komplexe Thema einzuarbeiten. Ich hoffe, es ist mir dennoch einigermaßen gelungen.*).

1 Untersuchen Sie den Aufbau der Musterbeispiele zu den Themen „Mephisto – ‚der Marinelli der Hölle'?" und „Konzeptuelle Metaphern in der Rede über Fußball". Notieren Sie entsprechende Anmerkungen in der Kommentarleiste. Hilfestellung bietet Ihnen der Wortspeicher.
Ein Hinweis: Die Unterstreichungen sind erst für Aufgabe 2 relevant.

> Bezug zur der Fragestellung in der Einleitung • Zusammenfassung der zentralen Untersuchungsergebnisse •
> Herausstellen eines zentralen Untersuchungsergebnisses • Bezug zu anderen Teilen der Facharbeit •
> Verweis auf weitere Autoren / neue Perspektiven / weiterführende Fragen •
> Reflexion des methodischen Vorgehens • abschließende Beantwortung der Problemstellung

Thema: Mephisto – „der Marinelli der Hölle"? VI. Resümee	Anmerkungen zum Aufbau
Lässt sich die Frage, ob Mephisto einen „Marinelli der Hölle" darstellt, abschließend beantworten? Die Untersuchungsergebnisse im Hauptteil machen zahlreiche Parallelen dieser Figuren offensichtlich. Sowohl Marinelli als auch Mephisto sind skrupellose und hinterhältige Intriganten. Dank ihrer Intelligenz sind sie in der Lage, sich den jeweiligen Gegebenheiten gezielt anzupassen. Marinelli beherrscht die höfische Kunst der Verstellung, manipuliert sein Umfeld gezielt mittels vorgetäuschter und gekonnt eingesetzter Gefühlsäußerungen. Mephisto beherrscht die teuflische Kunst der Verwandlung und passt sich unter anderem als Pudel, Gelehrter, Trinkbruder und Verführer den Umständen an.	*Bezug zur der Fragestellung in der Einleitung*
Neben der Erfüllung ihres Auftrags verfolgen beide persönliche Interessen. Mephisto tut dies einerseits ganz offensichtlich, im Sinne der abgeschlossenen Wette. Andererseits setzt er seine Ziele entsprechend seiner Selbstcharakterisierung als Geist der Zerstörung (*Faust I*, V. 1343) eher beiläufig um, indem er andere, gottesfürchtige Lebensentwürfe zerstört und Schicksale besiegelt (Gretchen, Gretchens Kind, Mutter und Bruder). Marinelli hingegen erschleicht sich die erforderliche Macht hinterhältig, um eigene Ziele zu verfolgen – die Ermordung des ihm verhassten Grafen Appiani und damit letztlich die Zerstörung „bürgerlicher" Lebensentwürfe. Beide stoßen mit dieser doppelbödigen Strategie bei ihren Vertragspartnern zwar auf Entsetzen, werden aber an der Fortführung ihrer Intrigen nicht gehindert.	
Fraglich ist in beiden Fällen, inwiefern der Intrigant sein Ziel erreicht: Marinellis Pläne werden von den bürgerlichen Wertvorstellungen Odoardos und seiner Tochter Emilia durchkreuzt. Mephisto reißt – nach der Erlösung Gretchens durch den Herrn („Ist gerettet!", *Faust I*, V. 4612) – Faust weiter ins Leben. Die mit der Wette einhergehende Frage, ob Faust den „höchsten Augenblick" erfährt, entscheidet sich nicht am Ende von *Faust I*. Auch der Schluss des zweiten Teils ist in der Fachliteratur umstritten: Erlösung oder Verdammnis?	
Besonders aufschlussreich erscheint mir beim Vergleich der beiden Intriganten die Frage nach der Schuld. Marinelli trägt einen entscheidenden Anteil am katastrophalen Ausgang der Handlung. Wie meine Analyse ergeben hat, stellt er kein „unmündiges Opfer" der gesellschaftlichen Umstände dar. Er hat die höfischen Wertvorstellungen verinnerlicht und setzt sie im eigenen Interesse gezielt um. Seinen	

Vorgesetzten instrumentalisiert er in seinem Sinne, unterstellt ihm Mitverantwortung am Tod Appianis. Sein Ziel ist es jedoch, nach außen den Anschein der Unschuld des Prinzen und seiner eigenen Person an den Ereignissen aufrechtzuerhalten. Dass auch die Vertreter der bürgerlichen Welt, allen voran Odoardo, einen erheblichen Anteil am tragischen Ende haben, habe ich unter III./4. kurz erörtert. Kritik wird hier am Wertekanon der höfischen wie auch der bürgerlichen Welt geübt. Mephisto definiert die Zerstörung als „[s]ein eigentliches Element" (*Faust I,* V. 1344). In dieser Funktion geht er die Wette mit Faust ein, vollzieht er sein Handwerk. Dass er Schuld auf sich laden wird, steht für ihn fest, es ist Teil seiner Rolle. Auch muss bzw. will er im Gegensatz zu Marinelli keinen gesellschaftlichen Konventionen gerecht werden. Verstellung und Verheimlichung sind nur erforderlich, bis das gewünschte Ziel erreicht ist. Allerdings verweigert auch Mephisto Faust den „Freispruch" und führt ihm stattdessen seine eigene Doppelbödigkeit vor Augen. Faust trägt Mitverantwortung für Gretchens tragisches Ende. Er erlebt dies nicht in erster Linie als einen Konflikt mit gesellschaftlichen Normen, sondern zwischen persönlichen Wertvorstellungen und Wünschen. Der Widerstreit liegt hier im Inneren der Figur, ein Konflikt zwischen der triebhaft-sinnlichen und der geistig-transzendenten Natur des Menschen.

Eine Auseinandersetzung mit weiteren Dramenszenen könnte zur Vertiefung der Problemstellung dieser Facharbeit dienen. Man könnte beispielsweise den Prolog im Himmel einbeziehen, der Mephistos Rolle aus der ganz anderen Perspektive des „Herrn" beleuchtet: „Des Menschen Tätigkeit / kann allzu leicht erschlaffen, [...] Drum geb ich gern ihm den Gesellen zu, / Der reizt und wirkt, und muss als Teufel schaffen." (*Faust I,* V. 340–343) Dies würde allerdings den Rahmen dieser Facharbeit sprengen.

Auf der Basis meiner Untersuchungsergebnisse lässt sich feststellen, dass die Analogien zwischen den beiden Intriganten auffällig sind, jedoch im Rahmen des jeweiligen zeitgeschichtlichen Kontextes gedeutet werden müssen. Marinelli repräsentiert die höfische Gesellschaft und deren Konventionen, die im Widerspruch zu den bürgerlichen Wertvorstellungen stehen. Wie Marinelli verleumdet auch Mephisto zynisch hehre Ziele und Werte. Er verkörpert allerdings den Verführer, der die sinnliche Triebhaftigkeit, den Egoismus und die Machtgelüste im Inneren eines aufgeklärten, mündigen Menschen anspricht, die im Widerstreit mit dessen ideellen Zielen und Werten stehen.

Thema: Konzeptuelle Metaphern in der Rede über Fußball Resümee	Anmerkungen zum Aufbau
Welche Bilder finden wir, wenn wir über Fußball reden? <u>In meiner Arbeit habe ich unter Berücksichtigung einer Reihe von Beispielen</u> aus der Kommentatoren-, Spieler- und Fansprache <u>nachgewiesen</u>, dass die in der Rede über den Fußball verwendeten Bilder aus einer Vielzahl von Bildfeldern stammen. <u>Insbesondere habe ich aufgezeigt</u>, dass häufig die Bereiche „Krieg" bzw. „Militär" zum Einsatz kommen. Eine kritische Betrachtung dieser Verbindung (wie sie z. B. Matthias Feies, 2014, liefert) würde eine interessante Vertiefung des Themas ermöglichen, jedoch den inhaltlichen Rahmen meiner Facharbeit deutlich sprengen, da hier weitere, soziolinguistische Aspekte berücksichtigt werden müssten.	*Bezug zu der Fragestellung in der Einleitung*

Ein weiterer, häufig verwendeter Bildspender ist der Bereich des Glücksspiels. Hier habe ich aufgezeigt, wie mit der Verwendung von Ausdrücken aus diesem Bildbereich unterschwellig eigene Fehler oder Unzulänglichkeiten eines Spielers oder einer Mannschaft verharmlost werden, indem der Ausgang des Spiels als schicksalhaft dargestellt wird.

Deutlich wurden die kommunikativen Funktionen, die der Rückgriff auf die allen Beteiligten vertrauten Bildfelder hat: Der Kommentator will die Spielvorgänge möglichst anschaulich kommentieren und nutzt dazu sprachliche Muster, die den Zuschauenden vertraut sind. Bei spontanen Fan-Kommentaren stehen expressiv-emotionale Aspekte im Vordergrund, die eine umgehende, leicht verständliche Versprachlichung fordern. Der interviewte Spieler schließlich will möglichst überzeugend seine eigene Sicht auf das Spielgeschehen darstellen und nutzt konven-

tionalisierte Quellbereiche, um Sachlichkeit und Objektivität seiner Aussagen zu suggerieren.
Die bildhafte Rede über das Fußballspiel hat somit komplementäre Funktionen: Die Vereinfachung der Kommunikation über ein komplexes Geschehen geschieht dabei im Wechsel mit der Verwendung und Erweiterung von „typischen" Fußballbildfeldern, Letzteres, um die Darstellung unterhaltend zu gestalten. Der Wechsel zwischen beiden macht die Vielfalt der bildhaften Rede des Redens über Fußball aus.

2 Unterstreichen Sie in den Musterbeispielen (▶ Aufg. 1) Formulierungen, die Sie für Ihren Schlussteil nutzen können.

Formulierungsbausteine   **Den Schlussteil formulieren**

- **Bezug zur Problemstellung/Fragestellung**
  Um zu einer abschließenden Beantwortung der Ausgangsfrage zu gelangen, ...
  Auf der Basis meiner Untersuchungsergebnisse im Hauptteil möchte ich zu der Problemstellung dieser Arbeit noch einmal Stellung beziehen: ...
  Mit Rückgriff/Bezug auf die Ausgangsfrage lässt sich festhalten, dass ...

- **Zusammenfassende Darlegung der zentralen Untersuchungsergebnisse**
  Zusammenfassend lässt sich feststellen: ...
  Alles in allem zeigen die Ergebnisse der vorliegenden Facharbeit ...
  Insbesondere überzeugt mich der Aspekt / der Gesichtspunkt ...
  Aufschlussreich erscheint mir vor allem ...

- **Entwicklung neuer Perspektiven und weiterführender Fragen**
  Andere Autoren sprechen hier/diesbezüglich .... an / gehen davon aus, dass ...
  Aus den Untersuchungsergebnissen dieser Arbeit ergeben sich die folgenden Fragen: ...
  Meine Analyseergebnisse machen deutlich, dass eine vertiefende Auseinandersetzung mit ...

- **Kritische Reflexion des gewählten methodischen Vorgehens**
  Die Analyseergebnisse meiner Facharbeit legen ... nahe, wobei jedoch zu beachten/bedenken ist, dass ...
  Um zu einem aussagekräftigeren Ergebnis zu gelangen, müsste .... erfolgen.
  Eine Schwachstelle des methodischen Vorgehens / in meiner Argumentation ist ...
  Problematisch erscheint mir ...
  Ergänzend hätte man berücksichtigen können, dass ...
  Zielführend wäre sicherlich ... gewesen.
  Unberücksichtigt bleibt in dieser Facharbeit ...

3 Verfassen Sie mit Hilfe der Formulierungsbausteine einen Schlussteil zu Ihrer Facharbeit. Arbeiten Sie am Computer. Setzen Sie Ihr System zur Textmarkierung mittels Ihres Textverarbeitungsprogramms ein (▶ S. 57, Aufgabe 4).

5.4   Das Quellenverzeichnis anlegen

Info   **Bibliografieren – Quellen vollständig angeben**

Zum wissenschaftlichen Arbeiten gehört der Nachweis der verwendeten Quellen in Form einer **nach Nachnamen alphabetisch sortierten** Bibliografie. Zum einen stellen Sie damit wichtige Literatur zum Thema zusammen und zum anderen bieten Sie die Möglichkeit, dass Ihre Zitate und Textverweise geprüft werden können.
Innerhalb der Bibliografie sollten Sie Primärtexte (z. B. Goethes *Faust I*) und Sekundärtexte (z. B. Texte zum *Faust I*) unterscheiden und Internetquellen (▶ S. 69) gesondert aufführen.
Ein **Literaturverzeichnis** enthält in der Regel Print- und Internetquellen. Das **Quellenverzeichnis** enthält zusätzliche Materialien wie Ton- oder Bildaufnahmen und kann entsprechend untergliedert werden (z. B. in ein Literatur- und ein Bildquellenverzeichnis).
Die Quellenangaben können Sie unterschiedlich strukturieren, das folgende Beispiel ist **eine mögliche Variante** zur Orientierung. Achten Sie vor allem auf eine **einheitliche** Vorgehensweise.

1 Ordnen Sie die folgenden Angaben jeweils durch Nummerierung dem richtigen Quellentyp (▶ S. 69) zu.

Quellentyp	Literaturverzeichnis
	Primärliteratur
	• Goethe, Johann Wolfgang: Faust. Der Tragödie erster Teil. Reclam XL, Stuttgart 2014
	• Lessing, Gotthold Ephraim: Emilia Galotti. Ein Trauerspiel in fünf Aufzügen. Reclam, Stuttgart 2001
	Sekundärliteratur
6	• Alt, Peter-André: Dramaturgie des Störfalls. Zur Typologie des Intriganten im Trauerspiel des 18. Jahrhunderts. In: Internationales Archiv für Sozialgeschichte der deutschen Literatur, 29/2004, S. 1–28
	• Grzesiuk, Ewa: „Ich reime, dächt' ich, doch noch ziemlich zusammen, was zusammen gehört." Intriganten und Intrigen in Lessings „Emilia Galotti". In: Lügen und ihre Widersacher. Literarische Ästhetik der Lüge seit dem 18. Jahrhundert. Ein deutsch-polnisches Symposium. Hrsg. v. Hartmut Eggert und Janusz Golec. Königshausen & Neumann, Würzburg 2004, S. 72–83
	• Hirschle, Nina: Die Figur des Intriganten im bürgerlichen Trauerspiel des 18. Jahrhunderts. Examensarbeit. GRIN, Norderstedt 2008
	• Matt, Peter von: Ästhetik der Hinterlist. Zur Theorie und Praxis der Intrige in der Literatur. In: Merkur. Deutsche Zeitschrift für europäisches Denken, 638/2002, S. 461–470
	• Matt, Peter von: Die Intrige. Theorie und Praxis der Hinterlist. Hanser, München u. a. 2006
	• Memmolo, Pasquale: Strategen der Subjektivität. Intriganten in Dramen der Neuzeit. Königshausen & Neumann, Würzburg 1995
	• Schmidt, Jochen: Goethes Faust. Erster und Zweiter Teil. Grundlagen. Werk. Wirkung. Beck, München 2011
	• Tüttelmann, Eva: Die Figur des Intriganten und die Funktion der Intrige in „Emilia Galotti". Studienarbeit. GRIN, Köln 2007
	Internetquellen
	• Greif, Stefan: Sympathie für den Teufel? Zum Teufelsbild der Goethezeit. In: www.goethezeitportal.de/db/wiss/epoche/greif_teufel.pdf [17.11.2015]
	• Surowiec, Magdalena: Der Kammerherr Marinelli (G. E. Lessing: „Emilia Galotti"). In: http://aspektedergermanistik.blogspot.de/2012/12/der-kammerherr-marinelli-ge-lessing.html?m=1 [17.11.2015]

	Typ der Quellenangabe	bibliografische Angaben zu Ihrer Facharbeit
1	**Buchveröffentlichung einer Autorin / eines Autors (Monografie)** Autorenname, Vorname: Titel. Untertitel. Verlag, Ort Jahr	
2	**Buchveröffentlichung mehrerer Autorinnen und Autoren** Autorenname, Vorname / Autorenname, Vorname / Autorenname, Vorname [in alphabetischer Reihenfolge]: Titel. Verlag, Ort Jahr	
3	**Sammelwerk mit Herausgeber(n)** Autorenname, Vorname / Autorenname, Vorname [in alphabetischer Reihenfolge] (Hrsg.): Titel. Verlag, Ort Jahr	
4	**Text aus einem Sammelwerk** Autorenname, Vorname: Titel des Textes. In: Titel des Sammelwerks. Hrsg. v. Vorname Autorenname. Verlag, Ort Jahr, Seitenangabe	
5	**Text aus Sammelwerk, das von Autor/in selbst veröffentlicht wurde** Autorenname, Vorname: Titel des Textes. In: Titel des Sammelwerks. Verlag, Ort Jahr, Seitenangabe	
6	**Zeitschriftenaufsatz (Fachzeitschrift)** Autorenname, Vorname: Titel. In: Zeitschriftenname, Ausgabe/Jahr, Seitenangabe	
7	**Zeitungstext** Autorenname, Vorname: Titel. In: Zeitungsname, Erscheinungsdatum, Seitenangabe	
8	**Internetquelle** Autorenname, Vorname: Titel. In: Internetadresse [Sichtungsdatum]	
9	**Archivfund** Bezeichnung des Funds. Archivname. Raum, Magazin, Dokumentnummer	
10	**(ggf.) mündliche/persönliche Auskunft** Name, Vorname: Telefonische Mitteilung / E-Mail, Datumsangabe	

2 Tragen Sie in der Tabelle (▶ Aufg. 1) zu möglichst vielen Typen der Quellenangabe jeweils eine Print- bzw. Internetquelle zu Ihrer Facharbeit entsprechend den Vorgaben ein.

3 Erstellen Sie das Quellenverzeichnis für Ihre Facharbeit. Unterscheiden Sie dabei Primär- und Sekundärtexte. Stellen Sie Internetquellen in einem eigenen Abschnitt der Bibliografie zusammen (▶ Beispiel S. 68).

5.5   Die Facharbeit überarbeiten

Info   **Ausdruck und Stil – Präzise Wörter wählen**

Achten Sie auf eine **standardsprachliche, präzise Ausdrucksweise. Vermeiden** Sie u. a.
■ **inhaltsarme Wörter,** die meist ungenau sind (z. B. *sagen*). Verwenden Sie stattdessen aussagekräftige Wörter
   (z. B. *thematisieren, herausstellen, verweisen, anführen, behaupten, begründen, untermauern*).
■ **saloppe, umgangssprachliche Wendungen,** die der sachlich-distanzierten Auseinandersetzung mit einer
   Problemstellung im Rahmen einer Facharbeit nicht gerecht werden.
■ **gestelzte Ausdrücke, Modewörter und Phrasen** (z. B. *den Leser zum Nachdenken anregen*).
■ **Füllwörter,** die keinen Informationswert haben (z. B. *bloß, eigentlich*).
■ **Pleonasmen** (griech. *pleonasmos:* Überfluss), d. h. überflüssige Häufungen bedeutungsgleicher oder
   -ähnlicher Wörter in einem Satz (z. B. *die vollständige Ganzheit*).

1 Ersetzen Sie die unterstrichenen, inhaltsarmen Wörter bzw. saloppen Wendungen in den Sätzen zur Szene
„Trüber Tag. Feld" aus *Faust I* (▶ S. 43) jeweils durch einen aussagekräftigeren bzw. sachlichen Ausdruck.
Sie können den Satzbau bei Bedarf verändern.

–   Faust und Mephisto <u>reden darüber</u>, wer für Gretchens <u>Probleme</u> verantwortlich ist.

_____

_____

–   Faust ist <u>geschockt von der Situation</u>.

_____

–   Er <u>macht</u> Mephisto große Vorwürfe und <u>sagt</u>, dass dieser Gretchen retten <u>soll</u>.

_____

_____

–   Mephistos <u>will die Sache nicht regeln</u>, weil dies nicht seiner „Weltordnung" entspricht.

_____

_____

2 Unterstreichen Sie im folgenden Text umgangssprachliche Wendungen sowie
gestelzt klingende Ausdrücke und Phrasen. Formulieren Sie die Sätze entsprechend um.
Schreiben Sie in Ihre Kursmappe.

> Das mit dem Kerker führt zu einem Zerwürfnis zwischen den beiden Figuren.
> Faust wird wegen der Lage, in der Gretchen steckt, total aggressiv.
> Der Herr der Finsternis hingegen bleibt halbwegs entspannt und der Drangsal Gretchens gegenüber
> völlig gleichgültig: „Sie ist die Erste nicht" (*Faust I,* Trüber Tag. Feld).

3 Streichen Sie in den folgenden Sätzen überflüssige Wörter.

–   Faust gibt sich der falschen Illusion hin, er könne Gretchen mit Mephistos Hilfe retten.

–   Fausts Bestürzung wird schon in seinen Ausrufen deutlich: „Im Elend! Verzweifelnd!" (*Faust I,* Trüber Tag. Feld)

–   Mephisto lässt sich von Fausts Entsetzen überhaupt nicht beeindrucken.

–   Gefühlskalt verweist er Faust einfach auf dessen Mitschuld.

Info **Ausdruck und Stil – Synonyme nutzen**

Treffsicherheit im Ausdruck erreichen Sie, wenn Sie über ein entsprechend großes Vokabular und damit über alternative Formulierungsmöglichkeiten verfügen. Nutzen Sie **Synonyme**, d. h. sinnverwandte Wörter, um **Wiederholungen zu vermeiden** und um **möglichst präzise zu formulieren**. Synonyme haben meist eine sehr ähnliche, aber nicht exakt dieselbe Bedeutung. Wägen Sie daher genau ab: Es ist nicht dasselbe, ob Sie *behaupten, beteuern* oder *bekräftigen* schreiben. Beachten Sie auch, dass für **viele konkrete Nomen keine passenden Synonyme** existieren (vgl. *Gesicht, Antlitz, Visage*).
Wiederholen Sie Nomen (v. a. Fachbegriffe) bei Bedarf bewusst, um die Verständlichkeit Ihres Textes sicherzustellen. Hilfestellung bei der Suche nach Formulierungsvarianten bieten die Funktion **„Thesaurus"** Ihres Textverarbeitungsprogramms sowie Synonymwörterbücher.

4 Ergänzen Sie den Lückentext mit Hilfe des Wortspeichers. Achten Sie auf Nuancen in der Wortbedeutung.

Faust erfährt von Gretchens Elend und _____ Mephisto daher, er solle ihn zu Gretchen bringen.

Erschüttert _____ Faust _____, dass Mephisto ihm Gretchens Elend ver-

heimlicht habe. Er _____, dass Mephisto sie retten solle. Gelassen _____

Mephisto, Faust sei mitschuldig an Gretchens Not. Außerdem _____ er _____,

dass eine Befreiung Gretchens weder in seiner Macht stehe noch in seinem Sinne sei.

Alternativen zu *sagen*
andeuten • anmerken • ansprechen • ausplaudern • äußern • aussprechen • beanspruchen • befehlen •
behaupten • bekennen • bemerken • beschuldigen • entgegnen • erwähnen • erzählen •
feststellen • fordern • formulieren • geltend machen • mitteilen • offenbaren • sprechen • unterstellen •
verlangen • versichern • vorbringen • vorhalten • vorwerfen

Info **Ausdruck und Stil – Fachsprache verwenden**

Die Analyse unterschiedlicher Textsorten und Medien erfordert entsprechende **Fachtermini**. Achten Sie bei der Auseinandersetzung mit literarischen Texten darauf, dass Sie den drei Gattungen Lyrik, Epik und Drama die jeweils richtigen Begriffe zuordnen. Verwenden Sie auch bei der Sachtext- und Medienanalyse Fachvokabular. Achten Sie neben der korrekten Verwendung des Fachvokabulars insgesamt auf eine sorgfältige Wortwahl.

5 Formulieren Sie die Sätze so um, dass sie einer fachsprachlichen Ausdrucksweise gerecht werden. Berücksichtigen Sie dabei vor allem die markierten Wörter.

– Der <u>Textauszug</u> „Trüber Tag. Feld" ist nicht als <u>Gedicht</u> verfasst.

Die Szene „Trüber Tag. Feld" ist nicht in Versen verfasst. _____

– Vergleicht man die beiden <u>Personen</u>, <u>spricht</u> Mephisto deutlich <u>weniger Sätze</u>.

_____

_____

– Diese Äußerung Mephistos <u>hört sich so an</u>, als ob er wenig begeistert von der Vorstellung ist, Gretchen zu retten.

_____

_____

Info   **Ausdruck und Stil – Übersichtliche und abwechslungsreiche Sätze schreiben**

Zu einem guten Stil gehört, **übersichtliche Sätze** zu formulieren. Das heißt z. B., dass
- ein Satz nur so lang sein sollte, dass beim lauten Lesen kein Atemholen zwischendurch nötig ist,
- zwischen einer <u>Satzklammer</u> und zwischen Subjekt und Prädikat nicht mehr als sechs Wörter stehen sollten
  (also nicht so: *Faust <u>wirft</u> Mephisto die Gefangenschaft Gretchens im Kerker und den Tod ihres Kindes durch die Hand der Mutter <u>vor</u>.*),
- man eingeschobene Nebensätze („**Schachtelsätze**") vermeiden sollte.

Abwechslungsreichtum im Satzbau können Sie u. a. durch das **Umstellen von Satzgliedern** erzielen.

6 Formulieren Sie die Sätze um. Achten Sie auf logische Satzverbindungen und trennen Sie Haupt- und Nebensätze durch Kommas.

(1) Als Faust sein Entsetzen über das grausame Schicksal, das Gretchen, nachdem er sie verlassen hat, ereilt, zum Ausdruck bringt, entgegnet der Teufel lakonisch: „Sie ist die Erste nicht" (*Faust I,* Trüber Tag. Feld).
(2) Gretchens Rettung lehnt Mephisto ab, da es nicht in seiner Macht stehe, „die Bande des Rächers" (ebd.) zu lösen, so dass Faust Gretchen mit „Menschenhand" (ebd.) befreien könne, darauf lässt sich Mephisto jedoch ein, während er den Gefängniswärter außer Kraft setze.

(1) _____

_____

_____

(2) _____

_____

_____

Info   **Sprachliche Richtigkeit – Satzbaufehler vermeiden**

Umformulierungen und nachträgliche Erweiterungen führen häufig zu Satzbaufehlern. Achten Sie v. a. auf
- die **korrekte Stellung des Prädikats** im Haupt- und Nebensatz, z. B.: *Faust <u>macht</u> Mephisto Vorwürfe, <u>weil</u> dieser Gretchens Gefangenschaft <u>verheimlicht hat</u>.*
- die **Vermeidung doppelter Konjunktionen** (also nicht so: *Faust hofft, <u>dass wenn</u> er Gretchen aus dem Kerker befreit, seine Schuldgefühle sich legen werden.*). Beenden Sie zunächst einen Nebensatz, bevor Sie mit einer Konjunktion einen weiteren untergeordneten Satz einleiten, z. B.: *Faust hofft, dass seine Schuldgefühle sich legen werden, wenn er Gretchen aus dem Kerker befreit.*
- **logische Satzzusammenhänge** (ausgedrückt mit verknüpfenden Adverbien und Konjunktionen wie *als, aber, bevor, beziehungsweise, damit, darum, ehe, folglich, indem, ob, sondern, sonst, trotzdem, während ...*).

7 Lösen Sie die doppelten Konjunktionen auf.

Faust überträgt alle Verantwortung auf Mephisto, weil obwohl dieser Gretchen im Stich gelassen hat, fällt es ihm schwer, sich seine Mitschuld einzugestehen.

_____

_____

_____

> **Info** **Die Facharbeit überarbeiten**
>
> Orientieren Sie sich bei der Überarbeitung Ihrer Facharbeit an den entsprechenden **Beurteilungskriterien** (▶ S. 6).
> Schreiten Sie **vom Großen zum Kleinen** voran, indem Sie die folgenden Aspekte prüfen:
> - **Strukturiertheit:** Sind die Arbeitsschritte sachgerecht gegliedert und gewichtet?
> - **Stringenz:** Wurden Informationen themenbezogen ausgewertet und die Problemstellung zielgerecht entfaltet?
> - **Kohärenz:** Sind die einzelnen Arbeitsschritte und Sätze logisch verknüpft (▶ S. 58 f.)?
> - **Differenziertheit:** Wurde der Sachverhalt differenziert und gedanklich komplex erarbeitet?
> - **Sachlichkeit:** Erfolgt die Auseinandersetzung mit dem Thema sachlich und mit kritischer Distanz?
> - **Fachmethode und -sprache:** Wurden Fachbegriffe (▶ S. 71) sinnvoll gebraucht, Textaussagen korrekt und angemessen wiedergegeben (▶ S. 60–64)?
> - **Ausdruck und Stil:** Ist die Wortwahl abwechslungsreich und aussagekräftig? Wurden Umgangssprache, Füllwörter und Schachtelsätze vermieden (▶ S. 70–72)?
> - **Sprachliche Richtigkeit:** Stimmen Grammatik, Rechtschreibung und Zeichensetzung (▶ S. 72)?

8 Prüfen Sie den Auszug aus einer Facharbeit genau.

   a Unterstreichen Sie Formulierungen, die Ihrer Meinung nach verbessert werden müssen. Notieren Sie in der Kommentarleiste, welchem Beurteilungskriterium die jeweilige Formulierung nicht gerecht wird.

   b Schreiben Sie Verbesserungsideen über den Text. Arbeiten Sie den Text in Ihrer Kursmappe neu aus.

   c Ermitteln Sie anhand der Lösungen, wie erfolgreich Sie bei der Textüberarbeitung bereits sind.

2.3 Mephisto – ein verlässlicher Bündnispartner?	Beurteilungskriterium
<u>Auch</u> zwischen Mephisto und Faust <u>ist</u> <u>wegen ihrer Wette</u> <u>alles klar</u>: Mephisto stellt Faust, um diesen in Lebenssituationen zu bringen, die seine Bedürfnisse befriedigen, im Diesseits sein Wissen und Können zur Verfügung. Sollte es dem Herrn der Finsternis gelingen, dass Faust mit sich selbst zufrieden ist, Ruhe und Zufriedenheit empfindet und seinen Erkenntnisdurst gestillt sieht, wird Faust dem Teufel im Jenseits dienen. Und auch hier lässt sich fragen, inwiefern Mephisto diesen Erwartungen an einen Bündnispartner entspricht. Um dieser Sache auf den Grund zu gehen, erfolgt zunächst eine Auseinandersetzung mit dem Textauszug „Trüber Tag. Feld". Nach dem Ableben von Gretchens Mutter und Bruder macht Faust sich aus dem Staub und lässt Gretchen unehelich geschwängert zurück. Er sucht mit Mephisto wohl Zerstreuung im „Walpurgisnachtstraum" und gibt sich irgendwelchen sinnlichen Vergnügungen hin. Nun wird er mit Gretchens Verhaftung und Einkerkerung konfrontiert. Im Kontrast zur Versform des Dramas liegt diese Szene in normalen Sätzen vor. Damit steht sie im deutlichen Kontrast zum „artistisch-spielerischen Walpurgisnachtstraum mit seinen gedrechselten Versen und oftmals witzig pointierten Reimen" (Schmidt 2011, S. 205). Goethe habe hier ein „Musterstück expressiver Sturm-und-Drang-Sprache geschaffen" (ebd.). Dieser Kontrast macht die Wucht der Emotionen spürbar, die über den Schauspieler hereinbrechen.	*Kohärenz, Umgangssprache*

Jochen Schmidt stellt heraus, dass Faust sprunghaft von einem Ausruf zum nächsten stürzen würde. Kurze Pausen (vgl. Gedankenstriche) und Wortwiederholungen würden die Stockung der Rede verdeutlichen, die aus dem Übermaß an Erregung resultieren würde (vgl. Schmidt 2011, S. 205).

Im krassen Gegensatz zur Emotionalität Fausts stehen Mephistos Kälte, Zynismus und Unbarmherzigkeit. Er begegnet Fausts Bestürzung über Gretchens Gefangenschaft wirklich mit Gleichgültigkeit: „Sie ist die Erste nicht" (*Faust I,* Trüber Tag. Feld). Er zeigt Faust mit teuflischem Zynismus und Spott seine Grenzen auf und macht ihm die Fragwürdigkeit seines Handelns deutlich: „Nun sind wir schon wieder an der Grenze unsres Witzes, da wo euch Menschen der Sinn überschnappt." Er sagt ihm, dass er unfähig wäre, mit den Konsequenzen seines Wollens und Handelns zu leben: Warum machst du Gemeinschaft mit uns, wenn du sie nicht durchführen kannst? (ebd.) Diese Lektion Mephistos „trägt [...] aufklärerischen Charakter" (Memmolo 1995, S. 244). So macht Mephisto Faust klar, dass dieser selbst Schuld an Gretchens Misere ist. Faust habe das Bündnis mit dem Teufel aktiv gesucht und sei es freiwillig eingegangen. Seine ganze Doppelbödigkeit wird ihm von Mephisto vor Augen geführt: Sein Entsetzen angesichts Gretchens Schicksal steht im Kontrast zu seiner eigenen Verantwortungslosigkeit ihr gegenüber. Er selbst verheimlicht in keinster Weise, dass eine Rettung Gretchens nicht in seinem Sinne sein kann und auch nicht in seiner Macht liegt. Auf eine Befreiung Gretchens lässt er sich jedoch ein.

Aber auch Fausts Wahrnehmung seines Gegenübers macht deutlich, mit wem er es zu tun hat. Er verflucht Mephisto mit drastischen Worten und muss erkennen, dass das Schicksal Gretchens Teil der Strategie Mephistos waren: „Noch das von dir?" (*Faust I,* Trüber Tag. Feld) ...

9 Überarbeiten Sie Ihre Facharbeit mit Hilfe der Checkliste (▶ S. 6).

Tipp   Die sprachliche Richtigkeit prüfen

Prüfen Sie v. a. mit Blick auf Ihre **persönlichen Fehlerschwerpunkte** (z. B. Groß-/Kleinschreibung, Getrennt-/Zusammenschreibung, Kommasetzung bei Infinitivgruppen). Nutzen Sie die **Funktion „Rechtschreibung und Grammatik"** Ihres Textverarbeitungsprogramms und ggf. ein ausführliches **Wörterbuch** bzw. eine **Grammatik**. Ratsam ist es in jedem Fall, die Arbeit von einer weiteren Person gegenlesen zu lassen.

5.6   Die äußere Gestaltung der Facharbeit festlegen

1 Vergleichen Sie die Vorgaben in der Checkliste mit denen an Ihrer Schule. Streichen Sie bei Abweichungen die Angaben in der Liste und schreiben Sie die Anforderungen Ihrer Schule daneben. Falls es an Ihrer Schule keine entsprechende Liste gibt, klären Sie, ob die folgende Liste Ihnen als Orientierung dienen kann.

Checkliste **Gestaltung und Aufbau einer Facharbeit**		
Formale Anforderungen		**Abweichungen**
Schreibweise	■ mit dem PC	
Format	■ DIN A4, einseitig beschrieben	
Schriftart	■ Times New Roman (Fließtext – ohne Hervorhebungen, eingerückte Zitate – kursiv, Überschriften – fett)	
Schriftgröße	■ Fließtext: 12 pt, Überschriften größer entsprechend ihrer Hierarchie	
Zeilenabstand	■ 1,5	
Ränder	■ oben: 2,5 cm / unten: 1,2 cm / links: 3,5 cm / rechts: 2 cm	
Heftung	■ Schnellhefter oder Klebebindung	
Klassifikation der Abschnitte ► S. 17	■ gemischt oder dezimal	
Quellenangaben ► S. 60 f., 68 f.	■ im laufenden Text oder in der Fußnote ■ in einer einheitlich gekürzten Form mit Seitenangabe	
Elemente der Facharbeit		
Deckblatt	■ zählt als Seite 1, nicht nummeriert ■ Name, Thema, Fach, Kurs, Datum/ Schuljahr	
Inhaltsverzeichnis ► S. 17, 76	■ zählt als Seite 2, nicht nummeriert ■ Überschriften entsprechen denen in der Arbeit ■ Seitenangaben vollständig und korrekt	
Einleitung ► S. 55 ff.	■ mit Seite 3 beginnend, ab hier fortlaufend nummeriert	
Hauptteil ► S. 58 ff.	■ fortlaufend nummeriert ■ in den Fließtext integrierte Materialien (Bilder, Tabellen usw.) werden funktional und nicht zu illustrativen Zwecken eingesetzt und in die Seitenzählung einbezogen ■ umfangreiche Dokumente finden sich im Anhang	
Schluss ► S. 65 ff.	■ fortlaufend nummeriert	

Elemente der Facharbeit		Abweichungen
Quellen-/Literatur-verzeichnis ▶ S. 68 f.	■ in die Seitenzählung einbezogen ■ führt alle im Hauptteil verwendeten Quellen an ■ Ein Literaturverzeichnis enthält nur Druckwerke und kann beispielsweise untergliedert werden in Primär-, Sekundärliteratur und Internetquellen. ■ Ein Quellenverzeichnis enthält neben Druckwerken weitere Materialien und lässt sich z. B. in ein „Literaturverzeichnis" und ein „Bildquellenverzeichnis" untergliedern.	
Anhang	■ in die Seitenzählung einbezogen ■ deutlich abgesetzt, auf neuer Seite ■ enthält ausschließlich Dokumente (Interviews, Bildmaterial, Grafiken usw.), auf die im Hauptteil Bezug genommen wird ■ enthält Texte aus dem Internet, die nach einiger Zeit evtl. nicht mehr zur Verfügung stehen	
Selbstständigkeits-erklärung	■ letzte nummerierte Seite ■ muss den Vorgaben der Schule entsprechen	

Tipp Das Inhaltsverzeichnis erstellen

Zur Erstellung Ihres Inhaltsverzeichnisses arbeiten Sie am Computer am besten mit **Tabulatoren,** damit Ziffern, Buchstaben und Textelemente exakt untereinanderstehen. Auch die in Textverarbeitungsprogrammen integrierten **Formatvorlagen** für Überschriften und Gliederungsebenen sind bei der Gestaltung hilfreich. Sie können auch benutzerdefinierte Formatvorlagen erstellen.

Beispiel „Deckblatt"

Name

Mephisto – „der Marinelli der Hölle"?

Ein Vergleich
der beiden großen Intriganten des Dramas:
Lessings Marinelli und Goethes Mephisto

Facharbeit im GK / LK …
Lehrer/in
Schuljahr

Beispiel „Inhaltsverzeichnis"

Inhalt
I.   Einleitung   3
II.   Grundlagen   3
      1. Klärung der Begriffe „Intrige" und „Intrigant"   3
      2. Zeitgeschichtlicher Kontext der Dramen   3
III. Große Intriganten des Dramas: Lessings Marinelli   4
      1. Kurze Inhaltsangabe des Dramas „Emilia Galotti"   4
      2. Marinelli – ein typischer Kammerherr?   5
      3. Eine höfische Intrige – Marinellis Motivation und Vorgehen   6
      4. Einfluss der höfischen Intrige auf die Handlung – Schuldfrage   7
IV. Große Intriganten des Dramas: Goethes Mephisto   8
      1. Kurze Inhaltsangabe des Dramas „Faust I"   8
      2. Mephisto – ein verlässlicher Bündnispartner?   8
      3. Eine teuflische Intrige – Mephistos Intention und Strategien   9
      4. Einfluss der teuflischen Intrige auf die Handlung – Schuldfrage   10
V.   Mephisto – „der Marinelli der Hölle"?   11
VI. Resümee   12
      Literaturverzeichnis   14
      Anhang   15

2 Untersuchen Sie Ihre Facharbeit mit Hilfe der Checkliste und der Musterbeispiele auf Richtigkeit bezüglich der äußeren Gestaltung und des Aufbaus.

In manchen Bundesländern ist eine **Präsentation** der Facharbeit verpflichtend und wirkt sich damit auf die Gesamtnote aus. In einigen Bundesländern werden die Verfasser/innen der Facharbeit nach der Präsentation noch in einem so genannten **Kolloquium** (wissenschaftliches Prüfungsgespräch) befragt, auch um sicherzugehen, dass die Arbeit tatsächlich selbstständig geschrieben wurde. Grund genug also, sich Gedanken darüber zu machen, wie Sie die Ergebnisse Ihrer Arbeit überzeugend präsentieren können.

6.1 Die vier Ebenen einer Präsentation

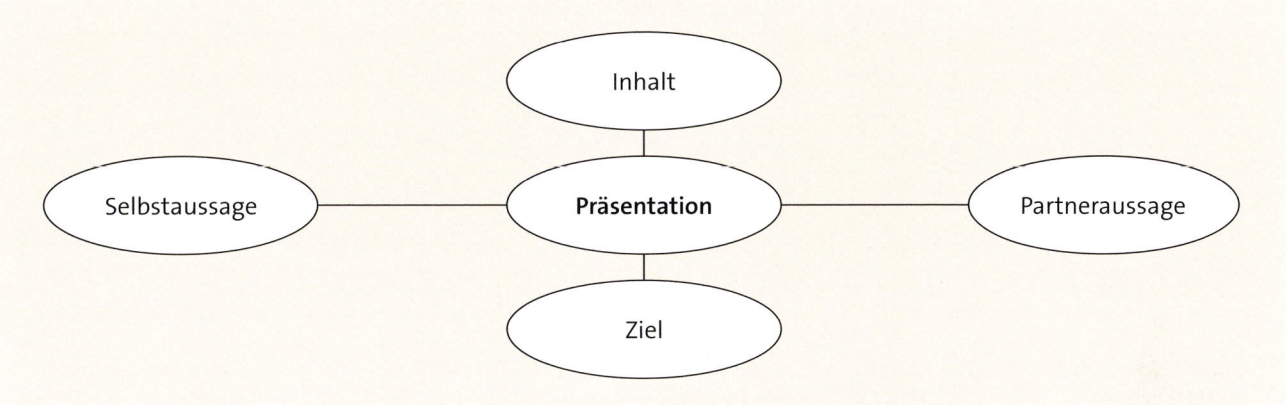

Tipp **Die vier Ebenen einer Präsentation beachten**

Beim Planen und Halten einer Präsentation konzentrieren sich die Vortragenden häufig allein auf den **Inhalt:** Was will ich vermitteln? Wie strukturiere und formuliere ich den Inhalt? Zweifellos sollte dieser Teil gerade bei einer schulischen Präsentation vor der Lehrkraft oder einer Prüfungskommission im Vordergrund stehen. Dennoch ist es sinnvoll, auch die drei anderen Ebenen des Präsentierens in die Überlegungen einzubeziehen:

■ Welche **Ziele** verfolgen Sie mit Ihrer Präsentation? Was genau wollen Sie erreichen?
  Eine gute Note natürlich – aber was ist dafür vonnöten? Können Sie Teilziele benennen, an denen Sie sich schon bei der Planung Ihres Vortrags orientieren?
■ Mit Ihrer Präsentation machen Sie immer auch eine **Selbstaussage:** Was wird den Zuhörenden über Ihre Person vermittelt, v. a. über Ihre Kompetenz und Ihr Wissen über die vorgestellten Inhalte?
■ Bedenken Sie, für wen Sie Ihre Präsentation halten, und nehmen Sie damit die **Partneraussage** in den Blick: Beziehen Sie Ihr Gegenüber und dessen mögliche Reaktionen von Anfang an in Ihre Planung mit ein.

1 Notieren Sie Stichworte zu jeder der vier Ebenen Ihrer Präsentation:

Inhalt: _____

_____

Ziele: _____

_____

Selbstaussage: _____

_____

Partneraussage: _____

_____

2 Für eine gute Präsentation sind die folgenden Faktoren von Bedeutung, die Sie sicher schon vom Halten und Besprechen schulischer Referate kennen. Verdeutlichen Sie sich mit Hilfe der folgenden Tabelle, wie diese Faktoren auf den vier Ebenen der Präsentation wirken.

Faktor	Ebene	Folge/Wirkung
regelmäßiger Augenkontakt	Selbstaussage	*signalisiert sicheres Auftreten und Offenheit für Rückfragen*
	Partneraussage	*signalisiert Wertschätzung, Interesse am Gegenüber und dessen Reaktionen*
klare Strukturierung des Inhalts	Ziele	
	Partneraussage	
Antizipieren (Vorhersehen) möglicher Fragen	Inhalt	
	Selbstaussage	
kurze einleitende Vorstellung des Aufbaus der Präsentation	Partneraussage	
	Ziele	

Tipp — Zuhörerorientiert präsentieren

Wenn Sie folgende Punkte beachten, stehen Ihre Chancen gut, dass Ihre Präsentation gut ankommt:

- Konzentrieren Sie sich auf Sachverhalte, die Ihnen – und damit wahrscheinlich auch den Zuhörenden – wirklich **interessant, überraschend** oder **aussagekräftig** erscheinen.
- Antizipieren Sie **Fragen und Einwände:** Versetzen Sie sich in die Position der Zuhörenden und überlegen Sie, an welchen Stellen sie möglicherweise welche Nachfragen stellen oder Ihren Ausführungen widersprechen könnten. Überlegen Sie genau, wie Sie darauf reagieren werden.
- Sehen Sie eine **angeregte Diskussion im Anschluss** an Ihre Präsentation als Ihr Ziel – und nicht als Zeichen dafür, dass Ihre Ausführungen fragwürdig waren. Bereiten Sie sich auch darauf intensiv vor – hier wird Ihre Fachlehrkraft überprüfen, ob Sie Ihr Thema wirklich durchdrungen und differenziert bearbeitet haben.
- Verwenden Sie für Ihren Vortrag **Karteikarten,** auf denen Sie (nur!) Stichpunkte formulieren. Lesen Sie nicht ab, sondern schauen Sie jeweils nur kurz auf die Karte, um dann mit **Augenkontakt** frei zu formulieren. Sprechen Sie nicht zur Tafel, zur Leinwand bzw. zum Bildschirm.
- **Proben** Sie Ihren Vortrag mehrmals allein, dann vor Freunden oder Verwandten. Nehmen Sie deren Kritik ernst: Was sie nicht verstehen, müssen Sie wahrscheinlich auch für Ihre Lehrkraft oder die Prüfungskommission klarer formulieren.

3 Antizipieren Sie zwei Fragen oder Gegenthesen zu Ihrer Arbeit und skizzieren Sie Ihre möglichen Antworten:

Frage/Einwand: _____

_____

Ihre Antwort: _____

_____

_____

Frage/Einwand: _____

_____

Ihre Antwort: _____

_____

_____

6.2   Präsentieren heißt reduzieren

Info   **Die Essenz der Arbeit präsentieren**

Ein wesentlicher Teil der erwarteten Leistung beim Präsentieren Ihrer Arbeit ist es, dass Sie die erarbeiteten **Ergebnisse reduzieren** und jeweils **knapp erläutern:**
- zentrale Befunde (das, was Sie herausgefunden haben),
- Thesen (schlussfolgernde Behauptungen).

1 Formulieren Sie versuchsweise einen interessanten Befund und eine These, die Sie in Ihrer Arbeit aufstellen:

Befund: _____

_____

_____

_____

These: _____

_____

_____

_____

_____

6.3   Medien der Präsentation

1 Machen Sie sich Vor- und Nachteile einiger häufig verwendeter Präsentationsmedien bewusst, indem Sie die folgende Tabelle ausfüllen, und wählen Sie dann die für Ihre Zwecke geeigneten Medien aus.

Präsentationsweise	Vorteile	Nachteile
OHP-Folien	*Inhalte können sowohl auf vorbereiteten Folien dargestellt als auch spontan skizziert oder ergänzt werden; technisch wenig fehleranfällig*	
Tafel und Kreide		
PC-Präsentationsprogramm		*Gefahr der „Überwältigung" durch die Vielfalt der medialen Möglichkeiten; verführt dazu, das Dargestellte nur vorzulesen; Gefahr technischer Probleme*
freier Vortrag		
Handout		

2 Für wie geeignet halten Sie die Gestaltung der abgebildeten Karteikarte zur Unterstützung eines Vortrags? Markieren Sie gelungene bzw. ungünstige Stellen und notieren Sie Ihre Einschätzung am Rand.

> *Meph. → Faust (manipul.), Vgl. zu and. Intrig.?*
>
> *Gretchen ist die Kontrastfigur zu Mephisto*
>
> *Ihr authentisches Verhalten steht im Gegensatz*
>
> *zu seinem manipulativen Vorgehen.*

_____

_____

_____

_____

3 Bewerten Sie die Gestaltung der abgebildeten Folie für eine PC-Präsentation. Notieren bzw. skizzieren Sie Verbesserungsmöglichkeiten.

Man kann Mephisto insofern als Kontrastfigur zu Gretchen betrachten, als er ganz anders als sie kommuniziert und Faust damit auch auf ganz andere Weise beeinflusst: Während Gretchen in schon karikaturartiger Weise ihre Gefühle authentisch kommuniziert, ist Mephistos Kommunikation geprägt von Verschlagenheit und Doppeldeutigkeit. Goethe lässt dem Zuschauer hier bewusst einen Freiraum für die Bewertung der beiden Figuren und damit auch für die Bewertung von Fausts Verhalten, die ihn selbst zum Opfer von Mephistos Intrigen machen kann.

- Wir müssen uns also fragen:
- Inwiefern ist Gretchens Verhalten für die Zuschauer/innen positiv konnotiert?
- Inwiefern wirkt Mephistos Verhalten abstoßend – oder doch eher kompetent manipulativ?
- Mit welcher Figur identifiziert sich das Publikum? Wechselt diese Identifikation oder bleibt sie statisch?
- Welche Rolle spielt Faust in diesem Kontrast?
- Welche Funktion hat diese Konstellation der Figuren für die Bewertung der Intrige im Drama?

_____

_____

_____

_____

_____

4 Formulieren Sie in Ihrem Kursheft Hinweise zur Gestaltung von Karteikarten und Präsentationsfolien.